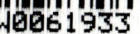

Von Siegfried Lenz erschienen

Romane:

Es waren Habichte in der Luft, 1951
Duell mit dem Schatten, 1953
Der Mann im Strom, 1957
Brot und Spiele, 1959
Stadtgespräch, 1963
Deutschstunde, 1968
Das Vorbild, 1973
Heimatmuseum, 1978
Der Verlust, 1981

Erzählungen:

So zärtlich war Suleyken, 1955
Jäger des Spotts, 1958
Das Feuerschiff, 1960
Lehmanns Erzählungen, 1964
Der Spielverderber, 1965
Leute von Hamburg, 1968
Gesammelte Erzählungen, 1970
Der Geist der Mirabelle, 1975
Einstein überquert die Elbe bei Hamburg, 1975

Szenische Werke:

Zeit der Schuldlosen, 1962
Das Gesicht, 1964
Haussuchung, 1967
Die Augenbinde, 1970
Drei Stücke, 1980

Essays:

Beziehungen, 1970

Ein Kinderbuch:

So war das mit dem Zirkus,
mit farbigen Bildern von Klaus Warwas, 1971

Über Phantasie

Siegfried Lenz:
Gespräche mit
Heinrich Böll
Günter Grass
Walter Kempowski
Pavel Kohout

Herausgegeben von
Alfred Mensak

Hoffmann und Campe

CIP-Kurztitelaufnahme der Deutschen Bibliothek

Über Phantasie : Siegfried Lenz: Gespräche mit
Heinrich Böll, Günter Grass, Walter Kempowski,
Pavel Kohout / hrsg. von Alfred Mensak. –
Hamburg : Hoffmann und Campe, 1982.
   ISBN 3-455-04710-6
NE: Lenz, Siegfried [Mitverf.]; Mensak, Alfred
[Hrsg.]

Copyright © 1982 by Hoffmann und Campe Verlag, Hamburg
Umschlaggestaltung Werner Rebhuhn
Gesetzt aus der Garamond Antiqua
Satzherstellung Calwer Druckzentrum GmbH
Druck- und Bindearbeiten Richterdruck, Würzburg
Printed in Germany

Vorwort

Während ich über den Anfang einer Einführung in die Gedanken von fünf Schriftstellern »Über Phantasie« nachsinne, blättere ich in einer dünnen Druckschrift über die Bergpredigt. Meine Phantasie entzündet sich an El Grecos »Segnendem Christus«, der auf dem Umschlagblatt abgebildet ist.

Christus blickt ernst und – wie mir scheint – etwas skeptisch drein. Grund zur Skepsis hätte der Religionsstifter allerdings, wenn er erleben würde, wie diejenigen, die heute in seinem Namen Politik machen, die Lebens- und Handlungsgebote seiner Bergpredigt befolgen.

Die nachdrückliche Mahnung zum Leben in Frieden, zur Toleranz und Brüderlichkeit ist in ihrem humanitären Anspruch letztlich ein Evangelium für alle. Ob Christ oder Nichtchrist: wir sind aufgefordert, anzuerkennen, daß es Nachbarn gibt, die anders aussehen, anders denken oder anders leben wollen als wir. Da aber viele, die machtvolle Ämter ausüben, nur ihren Vor-Urteilen folgen und keinerlei Vorstellungskraft besitzen, die fatalen Auswirkungen solchen Denkens und Handelns zu begreifen, leben wir – in vielfacher Hinsicht – in einer verarmten Welt.

Oder ist es vorstellbar, daß jemand eine Rüstungsmaschinerie für Billionen Dollar, Rubel oder Mark in Gang setzt, wenn er auch nur einen Funken Phantasie hat?

Wir haben uns daran gewöhnt, von einer Milliarde zu sprechen. Würden wir statt dessen »Tausend Millionen« sagen, so erwachte vielleicht unsere Phantasie. Es ist wie mit dem Plastik-Chip im Spielkasino, auf dem eine »100«

steht: man wirft ihn viel unbeschwerter auf den Roulette-Tisch, als einen Geldschein mit einer »100«.

Aber rechnen wir weiter. Eine Billion (1 mit 12 Nullen) sind 1000 Milliarden oder *Eine Million Millionen!* Wer solche Summen für Tötungsmaschinen fordert, angesichts einer Welt, die in Hunger und Elend verkommt, dem – ja, dem mangelt es wahrlich an Phantasie und damit sicherlich auch an Humanität.

Die Beschäftigung mit den hier abgedruckten Gesprächen – zunächst während der Fernsehaufzeichnungen bei RADIO BREMEN und dann bei der Redaktionsarbeit für die Buchausgabe – hat mir deutlich gemacht: Phantasie ist ein wesentliches Element für humanes, Phantasielosigkeit für inhumanes Verhalten.

Resignieren wir vor der phantasielosen Macht- und Gewaltausübung? Oder gibt es für die leise Bewegung der Machtlosen, die nicht mit vielfacher Vernichtung prahlt, sondern ganz einfach um Leben wirbt, doch noch so etwas wie Hoffnung?

In diesem Buch sprechen Schriftsteller über ihr ureigenstes Anliegen: die Phantasie. Ich zitiere darum ein Beispiel aus der Literatur, das zu Hoffnung Anlaß gibt.

Am 7. Juli 1980 erschien auf Platz 5 der Bestsellerliste des »Spiegel« ein neuer Titel: »Die unendliche Geschichte« von Michael Ende. Am 12. Januar 1981 stand dieses Buch ganz oben und behauptete – mit wenigen Unterbrechungen – für lange Zeit den ersten Rang. Eine untaugliche Demonstration? Vielleicht – aber für mich scheint dies sehr bezeichnend zu sein.

Während die bedrohliche Machtausübung durch einige wenige heute nicht oder fast nicht mehr kontrolliert und verhindert werden kann, breitet sich – ohne Drohgebärde – eine Sehnsucht nach mehr Würde unter den Menschen aus. Sie äußert sich – neben vielem anderen selbstverständlich – zum Beispiel darin, daß es immer mehr Leser für die »Unendliche Geschichte« gibt. Sicherlich ist bei vielen damit auch gemeint: Flucht aus einer immer unerträglicher werdenden Realität in eine Traum- oder Phantasiewelt. Aber so wäre Phantasie falsch verstanden.

In den folgenden Gesprächen wird es in Definitionen deutlich: Phantasie ist kein Surrogat, sondern etwas sehr Reales. Die Aussagen und Gedanken von fünf Schriftstellern, für die Phantasie sozusagen Werkzeug und »täglich Brot« zugleich ist, erklären sehr beweiskräftig, daß die Phantasie ein Teil von uns ist und es ein Mißverständnis wäre, sie lediglich als Zufluchtsstätte vor einer schlimmen Wirklichkeit zu betrachten.

Als Siegfried Lenz mir den Vorschlag machte, mit vier in ihren Werken sehr unterschiedlichen Schriftstellern über Phantasie zu sprechen, zögerte ich und hatte Einwände. Ich fürchtete, daß es zu viele Wiederholungen geben, ja, das Thema sich erschöpfen könnte. Heute weiß ich, daß auch sechs Stunden Gespräch nicht ausreichen, Phantasie zu beschreiben, geschweige denn, sie auszuloten.

Wahrscheinlich gibt es mehr Menschen, die ihre Vorstellungskraft darauf verwenden, über eine weniger bedrückende Zukunft unseres Planeten und der Menschheit nachzudenken, als es Zerstörungswütige gibt, die keine Phantasie haben. Darum laßt die, die auf die Katastrophe setzen, ruhig Bunker bauen, in denen sie einen Atomkrieg überstehen. Denn schon in knapp 120 000 Jahren nach dem großen Knall ist die Strahlung so schwach, daß sie wieder an die frische Luft kommen können.

Wieviel Muße, Phantasie zu entfalten.   *Alfred Mensak*

Pavel Kohout

LENZ
Lieber Pavel Kohout, darf ich mit mir selbst beginnen?

KOHOUT
Aber natürlich, bitte.

LENZ
Ich habe mich gefragt, wann ich zum ersten Mal meine Phantasie entdeckte, wann ich sie einsetzte und worauf. Und ich habe es auch halbwegs herausbekommen. Ich war ungefähr zehn Jahre alt. Wie Sie wissen, bin ich in einer kleinen masurischen Stadt aufgewachsen, und abgesehen von Augenblicken der Angst, in denen Phantasie sich wie von selbst einstellt, war es so, daß ich eines Tages merkte: du kennst alles fast bis zum Überdruß, du mußt hier raus. Du mußt diese Stadt verlassen, du mußt vor allen Dingen die gewohnten menschlichen Verbindungen hinter dir lassen.
Und da zeigte sich, daß ich mit Hilfe der Schundliteratur entfliehen konnte. Ich las damals Bücher von Rolf Torring. Er und ein schwarzer Freund sind ständig unterwegs, um weiße Damen vor Gorillas zu retten oder U-Boot-Abenteuer zu bestehen. Das war meine Welt! Ich merkte: hier gibt es für deine Phantasie eine Möglichkeit, zu entkommen – dem häuslichen Bezirk, dieser kleinen, durcherfahrenen Welt. Ich war, wie gesagt, ungefähr zehn Jahre alt, und war damals, glaube ich, schon in der Lage, Phantasie methodisch einzusetzen. Gibt es auch in Ihrem Leben so einen markierbaren Punkt, von dem Sie sagen können: hier habe ich Phantasie zum ersten Mal bewußt eingesetzt?

KOHOUT

Soweit so etwas feststellbar ist – weil diese Frage natürlich auch falsche Erinnerungen provoziert. Wenn ich zu-
rückdenke, dann habe ich das erste Mal mein normales
Leben verlassen, als ich in meines Vaters Bibliothek her-
umstöberte. Mein Vater hatte die Gewohnheit – das hat
er mir später anvertraut –, die Bücher, die ich lesen sollte, in die zweite Reihe zu stellen, weil er hoffte, daß ich
dort eventuell nach verbotener Literatur suchen würde.
Und da stand auch »Cyrano de Bergerac«. Ich kannte
ihn auswendig, als ich neun war, und deshalb habe ich
auch erst mit fünfunddreißig oder vierzig Jahren entdeckt, um was es eigentlich in diesem Buch geht. Als
Kind habe ich es mechanisch gelernt, aber natürlich nicht
verstanden. Für mich waren damals vor allem die Kadet-
ten wichtig und interessant. Vielleicht war das der erste
Ausflug in meine Phantasie. Und dann habe ich noch ein
Zeugnis meines späteren Dramaturgen. Der gab mir zu
meinem fünfzigsten Geburtstag ein Gedicht, das ich als
Primaner verfaßt hatte. Er war als Quintaner in der Jury
eines poetischen Wettbewerbes unserer Schule und gab
mir damals den ersten Preis, weil ich der einzige war, der
nicht Liebespoesie geschrieben hatte, sondern ein Gedicht über Piraten. Er hatte sich gesagt: der Junge muß
sich etwas denken, alle anderen haben die Zustände ihrer
verliebten Seele geschildert, und der versucht, die Zustände auf einem Piratenschiff zu beschreiben!

LENZ

Also auch Phantasie als Mittel, um ganz bestimmte Sehn-
süchte einzulösen. Aber hat diese Phantasie Sie nicht enttäuscht, als sie dann die wirklichen Inhalte erfuhren?

KOHOUT

Nein, ich glaube nicht. Es gibt verschiedene Arten der Phantasie – oder verschiedene Inhalte. Eine Sache kann sogar zwei Inhalte haben. Was ich an »Cyrano de Berge-rac« als Kind bewunderte, war die schlichte, romanti-sche Story. Was ich dann zwanzig oder fünfundzwanzig Jahre später entdeckte, war eine aufregende psychologi-sche Geschichte. Also zwei verschiedene Schichten. Die tiefere war natürlich die interessantere. Aber auch die Oberschicht erfüllte ihren Zweck; sie genügte mir da-mals vollkommen.

LENZ

Wenn ein Autor dem Leser etwas anbietet, hat der Leser also die Möglichkeit, ihn auf verschiedenen Ebenen zu verstehen. Habe ich Sie so richtig interpretiert?

KOHOUT

Ja, völlig richtig. Das ist zum Beispiel die Art und Weise, in der ich versuche, Theater zu schreiben. Ich begann mit meiner Theaterarbeit an einem riesengroßen Haus. Zwanzig Jahre war ich Hausautor des Weinberger Thea-ters in Prag, und das bedeutete eintausendeinhundert Zuschauer am Tage, das bedeutete ein großes Publikum. Aber ich wollte trotzdem Stücke schreiben, die sich mit ernsthaften Sachen auf eine neue Art beschäftigen, also eigentlich Stücke, die man eher an einem kleinen Thea-ter mit intellektuellem Publikum finden kann. Da muß-te ich versuchen, so zu schreiben, daß sowohl das breite als auch das elitäre Publikum in dem großen Audito-rium gleichzeitig angesprochen wird.

LENZ

Also ein durchaus ambivalentes Angebot, das wahrscheinlich auch das legitimste Angebot der Literatur überhaupt ist.

KOHOUT

Das hat natürlich seine Gefahr, denn manchmal fällt man als Autor von dieser Messerschneide, auf der man wandeln muß, herunter, entweder auf die eine oder auf die andere Seite. Und beides ist gleich daneben.

LENZ

Aber man muß doch davon ausgehen, daß jeder Zuschauer, jeder mögliche Zuschauer andere Erfahrungen, andere Erlebnisse hat, einen ganz anderen Erlebnishaushalt einbringt, um sich dann mit einem Stück auseinanderzusetzen. – Zurück zur Phantasie, lieber Herr Kohout. Wie ist es, gibt es eine Phantasie ohne Erfahrung, ohne Erlebnis, oder ist das Erlebnis die Voraussetzung, um die Phantasie für alternative Angebote zu bemühen?

KOHOUT

Ich glaube, es gibt auch Phantasie ohne Erfahrung. Nur muß man sich die Frage stellen, ob ich mit einer Phantasie ohne Erfahrung noch imstande bin, die Phantasie meiner Leser oder Zuschauer zu wecken.

LENZ

Zum Beispiel: es gibt hier in Norddeutschland, sicher auch in dieser Stadt, Brauereipferde. Wenn eines dieser Pferde Sie in dem Augenblick, wenn Sie gerade vorbeigehen, ansprächte und sagte: »Lieber Pavel Kohout, welch eine Freude, Sie hier zu sehen!« Trauten Sie diesem Pferd zu, solch eine Rede zu führen? Entspräche es Ihrer Erfahrung?

KOHOUT
Ich muß sagen, nach all dem, was ich in den letzten Jahren erlebt habe, wäre ich in der ersten Sekunde sicher bereit, es zu glauben.

LENZ
Das heißt also: die ganze reale Welt ist phantastisch.

KOHOUT
Ja, ich glaube schon. Sie haben vorhin gesagt, daß Sie, als Sie zehn Jahre alt waren, Schundliteratur gelesen haben. Ich habe sie nicht nur gelesen, ich habe sie sogar geschrieben. Ich versuchte, unerfahren wie ich war, kreativ zu sein. Zum Beispiel bei dieser Piratengeschichte. Das war natürlich ein Gedicht ohne Erfahrung, deshalb konnte es höchstens einen Quintaner auf mich aufmerksam machen, der sich die Frage stellte, warum schreibt der so etwas. Aber sonst keinen. Dazu, daß sich einer findet, der das ernst nimmt, muß meiner Meinung nach schon eine gewisse Lebenserfahrung hinter der Phantasie stehen. – Wissen Sie, Herr Lenz, es ist schrecklich schwer, über Phantasie zu sprechen. Es kommt mir so vor, daß eigentlich die Phantasie ein freier Mitarbeiter ist, dessen Tätigkeit man nur dann und wann kontrollieren kann.

LENZ
Ich glaube, lieber Pavel Kohout, da bin ich nicht ganz Ihrer Ansicht. Phantasie ist doch eine Mitgift, eine sehr alte Mitgift, die jeder Mensch bekommen hat. Denken Sie

daran, daß ein natürliches Bedürfnis besteht, sich diese
Welt zu erklären. Diese Welt, die so unübersichtlich ist,
die so unbegrenzt ist. Wenn ich mir vorstelle, in welcher
Weise die Alten versucht haben, in ihrer Mythologie
Welt zu erklären: das ist doch ein Zeugnis für die Phantasie und ein Beweis für die Möglichkeiten der Phantasie,
überhaupt in dieser Welt heimisch zu werden.

KOHOUT
Sie sprechen immer nur über einen, den kreativeren Teil
der Menschheit.

LENZ
Nein, das glaube ich nicht. Es betrifft zum Beispiel ja
auch die Volksmärchen, die unter anderem den Zweck
haben, das Unerklärliche in der Welt einigermaßen er-
klärlich werden zu lassen. Und die Märchen sind doch
für alle da.

KOHOUT
Was mich fortwährend schockiert, ist, daß es so viele
phantasielose Menschen gibt. Woher kommen sie, wenn
praktisch jedermann – eben im Märchen zum Beispiel
– mit der Phantasie beginnt?

LENZ
Jetzt stellen Sie, glaube ich, an die Phantasie einen ganz
hohen Anspruch. Ich kann mir vorstellen, daß nahezu
jeder Mensch in einem bestimmten Augenblick, sagen
wir, einem Augenblick elementarer Angst, Phantasie
aufbringt. Er geht durch einen dunklen Wald, er ver-
wechselt einen Baumstumpf mit einem Menschen. Er ist

in einer Situation, in der er sich bedroht fühlt. Schon mobilisiert sich seine Phantasie, schon versetzt er sich in eine bestimmte Lage. Ich glaube, daß jeder Mensch, wirklich jeder, in einer bestimmten Situation in der Lage ist, eine Phantasie aufzubringen, die ihm entspricht.

KOHOUT

Ja, das sicher. Aber doch nur in der Form des Angstgefühls. Das, worüber wir eigentlich sprechen, ist doch eine Phantasie, die sich nicht nur als Emotion zeigt, sondern die kreativ ist. Die imstande ist, diese Emotionen weiter zu versetzen. Im Bild, im Wort ...

LENZ

Ich glaube, das ist ein sehr wesentlicher Unterschied. Man muß die passive Phantasie von der aktiven trennen. Wir sollten festhalten, daß wir von der kreativen, von der aktiven, von der deutenden Phantasie des Schriftstellers sprechen.

KOHOUT

Wobei wir aber nicht sagen wollen, daß die Schriftsteller oder die Künstler die einzigen sind, die diese Phantasie besitzen. Jeder, den wir ansprechen, muß eigentlich auf derselben Welle empfangen, auf der wir senden. Wenn er das macht, bedeutet das, daß er dieselbe Phantasie oder eine ähnliche Phantasie besitzt. Das ist zum Beispiel auch etwas, womit ich als Stückeschreiber rechnen muß. Es ist ja so: Bücher lesen unterscheidet sich wesentlich vom Stücke sehen. Vom Buch kann man jederzeit weggehen, und man kann zum Buch wieder zurückkehren. Aber im Theater ist man dazu verurteilt, zwei bis drei Stunden auszuharren. Die einzige Waffe, die ich als Stückeschreiber in der Hand habe, um zu verhindern, daß mein Zuschauer nicht schon in der Pause oder gar vorher weggeht, ist, eine Phantasie in Bewegung zu setzen, die ihn so anspricht, daß er imstande und bereit ist, mitzumachen. Daß er bereit ist, sich in meine Story zu versetzen und an das zu glauben, was ich ihm da auf der Bühne erzähle. Daß er also wirklich dieselbe Phantasie aufbringt, die ich angewendet habe.

LENZ

Aber wozu dient diese Phantasie, die Sie anwenden? Ist es eine Art von Daseinsvermessung, wollen Sie etwas zu erkennen geben? Benutzen Sie Phantasie, um den Zuschauer darauf hinzuweisen: schau, das ist deine Situation, ich biete sie dir nur auf einer anderen Ebene an, verkleidet, reiner vielleicht; so, daß du dich wiedererkennst in deinem konkreten Dasein?

KOHOUT

Das ist vielleicht ein Prozeß, der mehr unbewußt in mir vor sich geht, daß ich mit Phantasie so umgehe wie mit Holz oder mit einem Material, mit dem zum Beispiel ein Bildhauer sich auseinandersetzt. Eigentlich denke ich nicht in Kategorien der Phantasie. Ich glaube, ich bin vor allem Stückeschreiber. Die Prosa, das ist für mich ein neues Gebiet, obwohl ich sie jetzt schon zehn Jahre auch schreibe, bin ich da noch nicht zu Hause. Ich bewundere alle, die Prosa schreiben, daß sie erkennen, wo sie aufhören sollen. Beim Theater ist das einfach: wenn man die Seite neunzig geschrieben hat, dann weiß man, daß es entweder jetzt bald zu Ende ist oder schon längst zu Ende sein sollte. Es ist nicht diese fortwährende Quälerei wie beim Roman, daß man schreibt und schreibt und schreibt.

LENZ

Als Geschichtenerzähler muß ich das einfach quittieren und sagen, Sie haben eine sehr liebenswürdige Art, die königliche Form der Äußerung, nämlich das Drama, dem Roman so zur Seite zu stellen. Denn im allgemeinen ist es ja so, daß wir das Drama als die weitaus wichtigere und bedeutendere Kunstgattung ansehen.

KOHOUT

Ich urteile wahrscheinlich deswegen so, weil ich schon so lange am Theater bin. Da bin ich wirklich in meiner eigenen Haut. Aber zurück zum Handwerk: wenn ich eine funktionierende Story für das Theater schreiben will, dann stelle ich mir immer nur die leere Bühne vor, sonst nichts. Und ich versuche, diese leere Bühne mit Hilfe meiner Phantasie und der des Zuschauers in Bewegung zu setzen. Um es noch konkreter zu sagen, ich bin über das Stadium, wo ich mich gequält habe, ob und wie man was auf der Bühne eigentlich zustande bringt, längst hinweg: mit Phantasie geht alles.

LENZ

Das ist aber schon ein weiterer Prozeß, Herr Kohout. Wenn Sie erlauben, möchte ich noch einmal zurückgreifen. Sie denken doch zunächst an eine Geschichte. Und Sie denken an eine Geschichte, die Sie dem Zuschauer zeigen, die Sie ihm vorführen wollen. Wie wählen Sie die Geschichte aus, und nach welchen Kriterien? Sie haben doch ein ungewöhnlich großes Angebot in Ihrem

Leben, in Ihrer Nachbarschaft, unter Ihren Freunden: ein großes Angebot von Wirklichkeit. Und nun wählen Sie eine Geschichte aus. Sagen wir beispielsweise »Krieg im dritten Stock« oder aber »August August, August«, oder eines Ihrer anderen Stücke, oder Ihren Roman »Die Henkerin«. Sie haben eine große Auswahl, entscheiden sich aber just dafür. Aus welchem Grunde? Aus welchem Grunde entscheiden Sie sich dafür, ein Stück wie »August August, August« zu schreiben?

KOHOUT
Sie haben eine theoretische und eine konkrete Frage gestellt. Die theoretische Frage, wie kommt es überhaupt zustande, und die konkrete, wie war es mit »August«. Was das Theoretische betrifft, da wiederholt sich seit Jahren, seit vielen Jahren, derselbe Prozeß. Plötzlich habe ich eine Idee. Zum Beispiel »Krieg im dritten Stock«. Also Krieg nicht auf dem Schlachtfeld, sondern als private Veranstaltung.

LENZ
Stellvertreter-Krieg. Wir wissen seit der Belagerung Trojas, daß viele Menschen der sehr vernünftigen Ansicht waren, man sollte nicht unschuldige Menschen in die Schlacht schicken, sondern diejenigen, die die Verantwortung haben. Zwei, von mir aus, sollten es austragen.

KOHOUT
Richtig. Nach diesem Prinzip habe ich mir gesagt: Herrgott, das müßte eigentlich auch in der modernen Welt funktionieren. Und das wurde eine satirische Geschichte. Wie zwei Herren, ein Prager und einer aus Saarbrücken, vom Computer gewählt werden, um in einem Pra-

ger Haus Krieg für beide Staaten zu führen. Das sah ich als eine glänzende Theateridee. Ich versuchte, sie zu schreiben. Aber ich kam nicht von der Stelle. Da habe ich den Torso in meine Aktenmappe gegeben, und ein paar Jahre später, bei der regelmäßigen Inspektion aller bekritzelten Papiere, habe ich es rausgenommen; ich setzte mich an die Maschine und schrieb es über Nacht fertig. Das wiederholt sich fortwährend. Der Prozeß dauert oft jahrelang, vor allem der Denkprozeß.

LENZ
War es eine Zufallsentdeckung, die Sie bewog, dieses Stück noch einmal herauszuholen?

KOHOUT
Nein, das ist schon eher Routine. Ich weiß jetzt seit Jahren, daß ich nicht imstande bin, die Themen so zu schreiben, »wie sie fallen«, sondern erst, wenn sie reif sind. Deswegen, wo es mir nicht gelingt, das Thema gleich zu bewältigen, weil ich momentan wenig Phantasie habe, lege ich das in eine Mappe, die dafür bestimmt ist. Ich weiß mit Sicherheit, wenn ich in dieser Mappe nach Jahren angle – ab und zu denke ich nämlich in der Zwischenzeit an die Idee und spüre, daß sie schön ist und sich schreiben ließe –, ist das Thema dann plötzlich so reif, daß ich es schreiben kann. Im Falle »August« war es ein bißchen anders, das weiß ich ganz genau. Es war nach der Generalprobe meines Stückes »Krieg mit den Molchen« in Dortmund 1965. Ich saß dort mit meinem Regisseur und Bühnenbildner, und wir sprachen, worüber Tschechen halt sprechen, über die Politik und das Leben. Wir tranken Wein, und ich sagte auf einmal,

wißt ihr, ich komme mir seit Jahren so vor, als wäre ich ein blöder August, der fortwährend hinter der Gardine wartet, bis die schönen Nummern da in der Manege fertig sind; dann wird er in die Manege gerufen, kommt, bekommt eine Ohrfeige, verbeugt sich und geht wieder warten. Da haben die beiden gelacht und sagten, das ist aber kein schlechtes Gleichnis, das sollte man schreiben. Ich habe mir zuerst gedacht, Zirkus mit dem Theater zu paaren, aber das geht nicht. Solange es nicht nach Blut und Tieren riecht, ist es kein Zirkus. Und wenn echte Affen auf der Bühne hüpfen, dann ist es aus mit der Theaterphantasie. Da hatte ich mir gesagt: gut, dann ein Theaterzirkus, eine Geschichte, die nur als Theater funktionieren kann. Ich versuchte sie zu finden. Und was ich fand, ist eigentlich ein Stück über die Phantasie.

LENZ

Wollen wir bei diesem Stück bleiben? Ich finde, es ist ein gutes Beispiel dafür, wie Phantasie arbeitet – und vor allen Dingen, jetzt noch einmal zurückkommend auf eine Feststellung von vorhin, in welcher Weise der Zuschauer hier die Möglichkeit hat, seine eigenen Erfahrungen in diesem Stück gespiegelt zu sehen. Denn Sie sind ja davon ausgegangen, daß jeder Zuschauer unter anderen Erlebnissen steht, sehr andere Erfahrungen einbringt, und aus einem Theaterstück oder aus einem Stück Prosa jeweils das bezieht, was ihm entspricht. Und ich muß sagen, ich habe aus »August August« unter anderem etwas erfahren, was auch mich sehr betroffen hat, etwas sehr Gleichnishaftes: daß einem der Wunsch, einem anderen zu gleichen, von dem anderen übelgenommen wird. Sie sollten vielleicht einmal das Stück erzählen, so in ein paar Sätzen, lieber Herr Kohout.

KOHOUT

Der dumme August hat einen Traum. Er möchte gern die acht weißen Lipizzaner dressieren, oder, wie er sagt, die acht weißen Lizzipaner frisieren, weil es die Paradenummer des Zirkus ist, und die führt natürlich der Herr Direktor vor. Der Stallmeister sagt dem dummen August, das ist doch Blödsinn, das darf doch nur der Herr Direktor. Aber der Herr Direktor, ein schlauer Direktor, sagt: warum könntest du, lieber August, nicht auch die acht weißen Lipizzaner vorführen? Du mußt nur ein paar Bedingungen erfüllen. Drei Bedingungen – die märchenhaften drei Bedingungen. Und das ist eigentlich der ganze Inhalt des Stückes, denn das sind alles die Grundbedingungen des menschlichen Lebens. »Wenn du die acht weißen Lipizzaner dressieren willst, dann mußt du alles das haben, was ich habe«, sagt der Direktor. »Du mußt also eine Frau haben, ein Kind, dein Vater darf nicht mehr leben, damit du seine Nummer erbst; und letzten Endes mußt du den Zirkus haben, denn das hier ist mein Zirkus. Du mußt den deinen haben.« Das sind natürlich Bedingungen, die August normalerweise nie erfüllen könnte. Aber er setzt seine Phantasie in Bewegung und macht mit ihrer Hilfe das alles zur Wirklichkeit. Man bringt ihm eine Puppe und verspricht sich davon eine lustige Szene, wie er, der Dumme, sich in die Puppe verliebt. Aber er verliebt sich so, daß die Puppe plötzlich lebt und zu der Frau wird, die er braucht. Und das setzt sich so fort. Zum Schluß hat er all die Bedüngungen – ich sage Bedüngungen, weil er die Worte immer verdreht

– erfüllt und ist dem Direktor gefährlich geworden, weil er sichtbar imstande ist, alles zu bewältigen. So muß man ihn halt aus dem Wege bringen. Definitiv. Und folglich kommen statt der Pferde Tiger in die Manege.

LENZ
Die Gegenseite bringt auch genügend Phantasie auf, um sich vorstellen zu können, wohin die Phantasie den dummen August eines Tages bringen könnte. In ganz bestimmten Bezirken ist Phantasie unerwünscht. Ich habe einfach die Lehre dieses Stückes, die Lehre dieser Fabel, auf dem Hintergrund Ihrer persönlichen Lebenserfahrung gesehen und sie unmittelbar darauf bezogen. Ist das statthaft?

KOHOUT
Ja, menschlich. Ich sage menschlich, nicht politisch, weil man immer geneigt ist, zu sagen, das ist das Stück, das die tschechische Problematik und sogar, weil es »August August, August« heißt, die Augustereignisse des Jahres '68 widerspiegelt. Das ist natürlich Unsinn, weil das Stück ein Jahr vor diesen Ereignissen aufgeführt wurde. Dreimal August bedeutet Vorname, Name und Beruf. Aber trotzdem sind es natürlich auch meine politischen Erfahrungen, die dieses Stück tragen. Eigentlich ist es ein sehr simples Stück, weil es sich zwischen den primitivsten Stationen des menschlichen Lebens bewegt.
Nur sind sie eben in Symbole versetzt. Zum Beispiel, der Traum heißt in diesem Falle, die acht weißen Lipizzaner dressieren. Unter diesem Bild kann sich jeder etwas vorstellen. Das spürt sogar ein unerfahrener Zuschauer, daß das schon eine hohe Kunst ist, die acht weißen Pferde zu

beherrschen, und daß es auch Schönheit ist. Daß es sich lohnt, für diesen Traum etwas einzusetzen und, wenn es sein muß, auch alles zu verlieren.

Die menschlichen Situationen: das sind die Liebe, die Scheidung, wenn Sie wollen, der Tod oder auch Mord, diverse Konflikte. Was ich gemacht habe, war nicht mehr und nicht weniger, als daß ich das alles in Zirkusnummern verwandelt habe. Zum Beispiel die Phantasie selbst. Wenn Sie sich erinnern: in dem Moment, wo man dem August sagt, na gut, du hast nun deine ganze Familie, jetzt mußt du auch den Zirkus haben, da glaubt man, ist der dumme August am Ende. Denn wie kommt man zu einem Zirkus? Natürlich durch Geld. Wenn du Geld brauchst, sagt der Stallmeister, dann werde ich von dir deine Phantasie kaufen. Und er kauft sie. Die Phantasie ist ein Ei. Der Stallmeister zerschlägt das Ei und jubelt: Endlich haben wir Ruhe, die Phantasie ist aus der Welt. Nun weint August traurig, aber plötzlich hören wir es piepsen, und aus dem zerschlagenen Ei wird eine Henne, und aus der Henne werden viele Eier, und die Eier verkauft August an das Publikum. Die Phantasie erwies sich als unschlagbar, unsterblich. Es ist natürlich ein Symbol, und ich kann sogar sagen, ein billiges. Aber weil wir uns in dem Moment in der scheinbar billigen Welt des Zirkus bewegen, ist das naheliegend und durchaus am Platze.

LENZ

Herr Kohout, nach der Lektüre all Ihrer Werke, der Theaterstücke sowohl als auch der Prosawerke, habe ich den Eindruck, daß Sie einer von jenen zeitgenössischen Schriftstellern sind, die sehr viel von angewandter Phantasie halten, von lebensdeutender Phantasie. Ich will mal an einem Beispiel zu erklären versuchen, was ich darunter verstehe. Wenn unser weltbedeutender Kollege Dante die Hölle beschreibt, dürfen wir voraussetzen, daß er nie da war, sich also nicht auf konkrete Erfahrung berufen kann. Dennoch ist es eine der konkretesten Höllenvisionen, die es auf der Welt gibt. Er, der sich da in den Trichter hineinführen läßt, begleitet von Vergil, dann von Beatrice, dann wiederum von einem Kollegen, nimmt etwas mit in diese Vision und gibt etwas aus dieser phantastischen Vision an die Wirklichkeit zurück. Es ist auf der einen Seite Strafandrohung, auf der anderen Seite Ausdruck einer Erlösungssehnsucht. Aber in gleicher Weise meint er ganz konkrete Verhältnisse. Plädiert unter anderem für ein starkes, gerechtes Kaisertum und für eine Zurücknahme des Papstes auf den Raum der Kirche – dies alles mit Hilfe der Phantasie.

Eingedenk Ihres Werkes, Herr Kohout, das mich sehr beeindruckt hat, habe ich das Gefühl, daß Sie eigentlich mit allem, was Sie geschrieben haben, unmittelbar zum Tag Stellung nehmen – mit Hilfe der Phantasie. Trauen Sie der Phantasie so viel zu? Nehmen wir ein Stück wie »Roulette«, in dem Sie einen Revolutionär, der sich auf der Flucht befindet, beziehungsweise versucht, den Polizeischergen zu entgehen, in ein Freudenhaus kommen lassen, wo natürlich seine Überzeugungen, die er zu verteidigen hat, gemessen werden durch den Ort und an dem Ort, an dem er sich gerade aufhält. Das ist doch auch zum Tag gesprochen, oder?

KOHOUT

Ja, das ist sogar das zweite Mal zum Tag gesprochen. Es ist, wie Sie wissen, die Bearbeitung einer Novelle von

Leonid Andrejew, und schon der wollte mit dieser Novelle ein Tagesthema ansprechen. Er geriet eigentlich wegen dieser Novelle in den berühmten Streit mit Maxim
Gorkij. Als ich das dann per Zufall gelesen habe, hat
mich die Aktualität fasziniert, und ich habe es fürs Theater bearbeitet, nicht um es schlechter nachzuerzählen,
sondern um es in die Sprache der Bühne zu übersetzen –
es in der dritten Dimension erneut wirken zu lassen. Es
ist typisch für meine Wahl von Themen, daß ich gleichzeitig ein neues Theatermittel finden und mit seiner Hilfe
ein Thema ansprechen will, das mir am Herzen liegt – in
diesem Fall das Thema der falschen Lebenserfahrung.

LENZ
Möchten Sie erläutern, welche falsche Lebenserfahrung
das war?

KOHOUT
Da ist ein überzeugter Revolutionär, und man darf keine
Zweifel an der Echtheit seiner Überzeugung haben. Er
wird verfolgt und findet Unterschlupf in einem Bordell.
Er hat noch nie im Leben eine Frau gehabt, weil es nicht in
seine Weltanschauung paßte. Und sie wiederum hat noch
nie im Leben einen Mann gesehen, der von etwas Edlem
überzeugt ist. Sie arbeitet mit ihrem Körper und nicht mit
Gedanken. Sie hat eine absolut falsche und einseitige Ein-
stellung zur Welt – und er auch. Sie verlieren in diesem
gegenseitigen Kampf beide ihre Sicherheit. Das hat mich
fasziniert, weil das ein Denkprozeß ist, den ich selbst
durchmachte und der mir sehr viel bedeutet und viel geholfen hat in meinem Leben. Das ist ein Denkprozeß, den
fast jedermann durchmacht, ein Prozeß der Erfahrung.

Nur, manche haben mehr und manche weniger Glück.
Manche sind früher an die Erfahrung gelangt, manche nie.
Das war das Thema von Andrejew; es hat mich so fasziniert, daß ich es noch einmal sichtbar auf die Bühne bringen wollte.

LENZ
Gut, wenn ich Ihnen so zuhöre, muß ich annehmen, daß
der Schriftsteller doch sehr begünstigt ist, und zwar weil er
mit Hilfe der Phantasie in der Lage ist, sich an den Unvoll-
kommenheiten der Welt zu rächen und die Welt bloßzustellen, sie so zu zeigen, wie sie ist. Oder trifft das nicht zu?

KOHOUT
Ich hatte nie das Gefühl, mich mit Hilfe meiner Phantasie rächen zu müssen; aber sie hilft mir, mein Leben zu
überstehen. Und sie hilft mir sogar in sehr unangeneh-
men Situationen. Sie wissen ja, in den letzten Jahren
habe ich Verschiedenes erlebt, und manchmal habe ich
mich wirklich mit Hilfe meiner Phantasie in eine bessere
Lage versetzt als die, in der ich mich befand. Zum Beispiel, wann immer ich verhaftet wurde – ich war un-
schuldig, das wußten auch die anderen –, begann ich mir
vorzustellen, daß es eine Theatersituation ist, und eine
absurde dazu. Und so oft ich mich in diese Situation versetzte, war ich zu Hause und meine Gegner nicht, obwohl ich in ihrem Hause war. Ich meine, das Schaffen ist
vielleicht ein Versuch des Künstlers, das Leben über-
sichtlich zu machen, vor allem für sich selbst. Leser und
Zuschauer, sie müssen es mir verzeihen, kommen erst in
zweiter Linie, denn zuerst erlebe ich einen Denkprozeß,
den ich selbst unbedingt erleben muß. Ich bin sicher,

daß Sie das auch kennen. Eigentlich ist der Prozeß des Schreibens, obwohl es eine Schufterei ist, eine schwere Arbeit, immer die Zeit meiner glücklichsten Tage. Da bin ich ausgeglichen, ich kenne mich aus, wenigstens in dem Leben der Helden – wenn nicht in meinem eigenen. Ich bin komischerweise immer sehr harmonisch mit mir selbst, wenn ich schreibe. Wenn ich das dann allerdings wieder hinter mir habe und langsam die Fehler und Lücken des Geschriebenen entdecke, dann ist es schon wieder aus mit der Harmonie.

LENZ
Aber zur Arbeitsweise der Phantasie: wenn Adam Juráček, eine Ihrer Demonstrationsfiguren – übrigens finde ich seinen Beruf sehr witzig, er ist Zeichenlehrer und Sportlehrer zugleich –, wenn Adam Juráček in der Lage ist, das Gravitationsgesetz zu widerlegen, um ganze Tage nach Belieben an der Decke zu verbringen, mit dem Kopf nach unten, dann werden Sie doch voraussetzen müssen, daß der Zuschauer, der Leser dies zunächst nicht glaubt. Was Ihre Phantasie fertiggebracht hat, nämlich einen Mann darzustellen, der wirklich an der Decke leben kann, ist ein Angebot an den Leser, das der nicht ohne weiteres mitmacht. Nun haben Sie etwas sehr Interessantes getan. Diese phantastische Figur Adam Juráček befindet sich insofern in einer realen Situation, als er Kollegen hat. Da sind zunächst einmal die anderen Lehrer, da ist ein Direktor, Familie, Institutionen; Adam Juráček widerlegt das Gravitationsgesetz in einer bestimmten böhmischen Stadt. Wie, das möchte ich Sie fragen, balancieren Sie das aus? Sehen Sie, ich gehe davon aus, daß der Leser oder Zuschauer keine

Möglichkeit mehr hat, auf dieses phantastische Angebot mit eigenen Erfahrungen zu antworten. Sie müssen also die Phantasie eingrenzen, absichern. Sie müssen die Phantasie lebensfähig machen, und Sie tun es mit Hilfe konkreter Personen und eines konkreten Ortes. Um ein anderes Beispiel zu nennen: der Oskar Matzerath aus Günter Grass' »Blechtrommel«, der die enorme Fähigkeit besitzt, Glas zu zersingen, tut es nicht ortlos, sondern bezeichnenderweise in Danzig-Langfuhr, an einem bestimmten, womöglich sogar nachweisbaren Juwelierladen. Und bei Ihnen arbeitet die Phantasie in vergleichbarer Weise. Was bedeutet es für die Phantasie, oder sagen wir, für phantastische Offerten dieses Ausmaßes und dieser Qualität, daß sie offenbar immer ausbalanciert werden müssen durch das Konkrete?

KOHOUT
Ich glaube, ohne diese Balance und ohne das Konkrete, das wissen Sie natürlich selbst, kann das überhaupt nicht funktionieren. Das sogenannte Weißbuch, also das Buch über Adam Juráček, spielt in der Stadt K., wobei diese Stadt insoweit für mich wichtig war, als ich sehr gern eine konkrete Stadt beschreibe. Aber der Sinn der Geschichte liegt nicht daran, daß sie in Karlsbad geschehen ist, obwohl Karlsbad als Lokalität ganz minuziös beschrieben wird.
Wie man überhaupt Phantasie in Bewegung setzt, wie man sie glaubwürdig macht, das versuche ich schon auf der Seite eins dieser Novelle zu demonstrieren. Sie erinnern sich vielleicht: es wird beschrieben, wie die Mutter ihrem Sohn Adam das Frühstück bringt. Der Weg der Mutter mit diesem Frühstück wird ganz genau beschrie-

ben, was auf dem Tablett ist, die Eier zum Beispiel, und wie lange die gekocht sind. Einzelheiten, die der Leser kennt, sehr gut kennt. Jetzt kommt sie in das Zimmer, und der Sohn ist nicht da. Sie trägt das Tablett und schaut plötzlich nach oben, und da sitzt Adam an der Decke. Was macht sie? Sie läßt das Tablett fallen, alles in Scherben, weil dasselbe Gesetz, dem Adam sich entzogen hat, das Tablett nach unten zog. Und jetzt beschreibe ich, was eigentlich auch der Leser kennt: die panische Angst der Mutter vor etwas, was nicht wahr sein darf. Ich habe mein Bestes getan, um alle Gefühle des Lesers mitzubeschreiben. Und dazu bediene ich mich in dem Roman immer wieder der sogenannten Dokumentation. Es ist eine fiktive Dokumentation, sie ist total ausgedacht, aber ich versuche, den ganzen Fall wissenschaftlich zu schildern. Ich habe vieles studiert, um mich in Physik und Psychiatrie auszukennen; und ich überschütte den Leser mit Fakten, an denen er überhaupt nicht zweifeln kann. Ich bitte ihn nur höflichst – eine einzige Kleinigkeit muß er mir dann schon glauben: der Adam Juráček kann sich an der Decke bewegen. Wenn der Leser bereit ist mitzumachen, dann wendet er dieselbe Art von Phantasie an, die ich angewendet habe, und die er mir jetzt netterweise auch zuliefert, damit es überhaupt funktioniert. Da sind wir wieder am Anfang: die Phantasie ist unteilbar.

Lenz
Das ist richtig. Aber das Ende dieser Geschichte, das Sie noch nicht erwähnt haben, wirft durchaus ein bezeichnendes Licht auf das Ende von »August August« – so wie ich es verstanden habe, denn Sie sollten erzählen, was mit Adam Juráček passiert ist.

KOHOUT

Wenn man ein Gesetz überwindet, und sei es auch nur ein unschuldiges Gravitationsgesetz, sind alle Gesetze gefährdet. Deswegen wehrt sich zuerst die Schule, dann die Stadt, dann der Staat. Man muß Adam Juráček irgendwie elegant loswerden. Das macht man mit Hilfe eines gefälschten Strafprozesses. Dann werden alle psychiatrischen Schulen eingeschaltet, bis das »Normale« siegt. Adam kennt zum Schluß nur einen Satz: die Gravitationskonstante von Newton. Er ist absolut heil, wird nie mehr im Leben an die Decke gehen können. Auf dem Weg aus der Anstalt kommt er nach Jahren in eine Kneipe, er hört Stimmen, aber er sieht niemanden. Dann schaut er nach oben – alle sitzen an der Decke. Inzwischen hat sich die Welt seine Erfindung zu eigen gemacht.

LENZ

Das heißt also, wenn ich jetzt die Lehre ziehen darf aus dem, was Sie erzählt haben: Phantasie, insbesondere augenöffnende Phantasie, kann die Welt bewohnbarer machen, aber sie kann auch ein Unglück darstellen für den, der zur Phantasie anstiftet.

KOHOUT

Ja, so ist es, und so war es immer, und so wird es immer sein.

LENZ

Weil der Phantasie-Stifter ein alternatives Leben beschreibt, dazu anhält oder dazu einlädt, mit Hilfe der Phantasie unser Leben, so wie es sich darstellt, nicht als die einzige Möglichkeit anzusehen.

KOHOUT

Wobei wir uns natürlich bewußt sind, daß die Phantasie
sogar an der Wiege aller revolutionären Gedanken und
Bewegungen gestanden hat. Immer ist es die Phantasie,
die uns zeigt, wie die Welt aussehen sollte. Aber dann
wird der Traum zur Wirklichkeit, und die Welt sieht
noch viel schlimmer aus. Das ist leider eines der Gesetze
des menschlichen Lebens.

LENZ

Ich denke, lieber Pavel Kohout, um über den Regen zu
schreiben, muß man nicht naß geworden sein. Und
wenn man im Sommer über den Schnee schreiben will –
ein berühmtes Beispiel von Pasternak –, hat man eher
die Chance, dem Schnee gerecht zu werden, als wenn
man ihn sozusagen von Angesicht zu Angesicht beschreibt. Wir wissen, was es mit dem Bild auf sich hat,
wenn ich einen Aschenbecher nehme, ihn zu beschreiben versuche, oder wenn ich mich abwende und, meiner
Einbildungskraft vertrauend, diesen Aschenbecher beschreibe. Er kommt zwar auch zum Vorschein, ist vermutlich noch dasselbe Ding, hat aber schon eine andere
Qualität. Mit anderen Worten: die Einbildungskraft
oder die Phantasie verhilft uns dazu, das Wirkliche auf
einer anderen Ebene durchsichtig zu machen, oder wie
Sie vorhin sagten, einer unüberschaubaren Realität eine
gewisse Abgegrenztheit und Überschaubarkeit zu geben.
Diese Einbildungskraft hat doch offensichtlich ihre eigene Wahrheit. Wenn Sie beispielsweise eine schöne Henkerin einführen, die jedermanns Henkerin werden kann,
so versuchen Sie doch damit, etwas zu beweisen. Mit einer fiktiven Person dem Tag eins auszuwischen oder un-

serer Realität ganz bestimmte Kennzeichen zu geben. Halten Sie die Einbildungskraft für in der Lage, Wahrheiten für das Konkrete zu finden?

KOHOUT
Ja, das tue ich. Aber nur aufgrund meiner eigenen konkreten Erfahrung.

LENZ
Gibt es also bei Ihnen ein Ungenügen am Konkreten, wenn ich so sagen darf?

KOHOUT
Das wohl nicht, aber ich beobachte mich, ich versuche, mich beim Schreiben gleichzeitig als Leser oder Zuschauer zu beobachten. Weil ich es auch bin.

LENZ
Also ein schizophrener Zustand?

KOHOUT
Nein, ich will damit bloß sagen, ein Schriftsteller beginnt doch nie als Schriftsteller, sondern als Leser oder Zuschauer. Und manche bleiben es. Zum Beispiel Sie, Herr Lenz, weil Sie jetzt für diese Sendereihe so viele fremde Bücher lesen müssen. Und ich verdächtige Sie, daß Sie auch ohne diese Pflicht Bücher lesen.

LENZ
Das ist keine Pflicht, das ist ein Vergnügen.

KOHOUT

Ich gehe sogar fortwährend ins Theater. Deshalb bin auch ich ein Zuschauer und ein Leser. Da ist es für mich sogar sehr lehrreich und interessant, was und wie es auf mich wirkt.

LENZ

Sie haben also selbst das Bedürfnis, die Welt über das Phantasieerlebnis vermittelt zu bekommen.

KOHOUT

Wenn ich ein phantasieloses Stück sehe oder ein langweiliges – übrigens halte ich Langeweile für die größte Gefahr jeder Kunst und des Lebens im allgemeinen –, dann fühle ich mich von der Realität, so stark sie auch akzentuiert sein mag, überhaupt nicht betroffen. In dem Moment jedoch, wo mir Friedrich Dürrenmatt zum Beispiel im »Besuch der alten Dame« eine so phantastische, unglaubwürdige Story anbietet, daß eine ganze Stadt von einer Millionärin bestochen und korrumpiert wird, damit sie ihren ehemaligen Liebhaber umbringt –, wenn mir dieses Gleichnis so erzählt wird, wie es der Dürrenmatt macht, dann bin ich absolut überzeugt von der Realität.

LENZ

Also gut, aber in der Dürrenmatt'schen Dramaturgie, gerade auf dieses Stück bezogen, heißt es doch, daß er sich niemals mit der einfachen Möglichkeit zufriedengibt, sondern immer sozusagen die schlimmste Möglichkeit durchspielen möchte. Es ist also von vornherein ein Spiel, ein Angebot im Spiel.

KOHOUT
Ja, so ist es.

LENZ
Und das entlarvt die Gegenwart, das entlarvt die Realität
in zureichendem Maße, meinen Sie?

KOHOUT
Ich spüre das so. Es ist meine Art und Weise, wie ich die
Kunst selbst auf mich wirken lasse; und es ist die Art und
Weise, wie ich versuche, meine Kunst auf andere wirken
zu lassen. Wobei ich natürlich überhaupt nichts gegen andere Wege habe; aber das ist mein Weg, den ich in der
tschechischen Literatur gefunden habe. Ich habe schon
vorhin gesagt, man beginnt nicht als Schriftsteller, sondern als Leser, und ich begann als Leser ganz bestimmter
Autoren. Diese Phantasie, die minuziös realistisch durch-
geführt wird, die finden Sie, wenn Sie wollen, auch bei
Karel Čapek. Sein »Krieg mit den Molchen« ist ein un-
heimliches, satirisches Politstück. Die Molche ersetzen
die Nazis. Aber das Buch funktioniert noch dreißig Jahre
nach den Nazis, unabhängig von ihnen, weil es halt ein
Modellfall ist, und der wird immer funktionieren.

LENZ
In dem Sinne kann man natürlich auch Kafkas »Verwandlung« als unbedingt konkrete Literatur ansehen, als
Stück biographischer Literatur. Dieser Gregor Samsa,
ihr Landsmann, der da morgens aufwacht und sich
plötzlich als kolossales Ungeziefer im Bett vorfindet,
mit vielen kleinen Beinchen und einem behaarten Körper, nicht in der Lage, dem wartenden Prokuristen ein

Zeichen zu geben, hat natürlich etwas ungeheuer Konkretes. Obwohl das Konkrete in diesem Fall zugleich etwas Phantastisches ist.

KOHOUT
Es zwingt mich, mir darunter etwas vorzustellen, es sei denn, ich bin nicht bereit, das zu tun. Bitte, dann bin ich der falsche Leser für diesen konkreten Autor. Und ich muß auch ehrlich sagen: Kafka blieb für mich viele Jahre verschlüsselt, so verschlüsselt, daß ich ihn nicht verstanden und nicht gemocht habe. Doch plötzlich kam es wie ein Erkenntnisblitz, und seit dieser bestimmten Sekunde ist Kafka für mich absolut verständlich.

LENZ
Dies als biographische Erfahrung. Aufzuwachen in diesem Zustand vollkommener Wehrlosigkeit.

KOHOUT
Das ist vielleicht mit der Phantasie manchmal wie mit fremden Sprachen: daß man jahrelang die blöden Wörter büffelt, man lernt fleißig, und wenn man dann in ein fremdes Hotel kommt, dann sagt und versteht man überhaupt nichts. Und dann, nach Jahren, an einem gewissen Tag, beginnt man plötzlich zu sprechen. Eine Grenze wurde überschritten, und eine fremde Sprache ist plötzlich verständlich. Vielleicht ist es mit der Phantasie auch so, daß man sie trainieren muß.

LENZ
Man kann sie vor allem methodisch einsetzen. Denken Sie daran, in welcher Weise die Phantasie beteiligt war

an der Erfindung des Sauerstoffs, an der Definition der Wärmelehre. Denken Sie, in welcher Weise, wissenschaftlich gesehen, die Phantasie mitgeholfen hat bei der Bestimmung der zweiundneunzig Elemente, insbesondere auch der unbekannten Elemente. Das waren einfach Kombination und Phantasie, die hier mitgeholfen haben, bestimmte Resultate zu liefern.

KOHOUT
Wenn ich gesagt habe, daß man Phantasie vielleicht erlernen oder trainieren kann, so war das nicht als Bonmot gedacht. Denn wenn ich meine frühe Poesie oder die ersten Stücke heute betrachte – Sie konnten sie nicht lesen, weil sie zum Glück nicht übersetzt wurden –, macht mich das immer wahnsinnig, wie phantasielos manches war. Ich versuchte damals, die Zeit zu reflektieren. Auf die direkteste Art und Weise, nämlich zu beschreiben, was ich gerade erlebte, erlitt, und so weiter. Private Sachen, gesellschaftliche Anliegen. Ohne genügende Lebenserfahrung versuchte ich, Analysen und Synthesen zu machen, und kam oft zu falschen Schlüssen. Aber vor allem war ich wirklich phantasielos. Es trug nicht länger, weil es nur an den Tag gebunden war, an dem es entstand. Nach ein paar Jahren war es uninteressant. Ich glaube, in diesen Jahren, an diesen meinen Anfangszeiten habe ich gelernt, wirklich mit der Phantasie zu arbeiten. So wie man sarkastisch sagt, entschuldigen Sie, daß ich mal Humor verwende, so habe ich eben ab einem gewissen Moment die Phantasie verwendet.

LENZ
Wir wissen ja nicht erst seit Molière, was die Phantasie für die Biographie bedeutet – und vor allem für die Lei-

densfähigkeit des Menschen. Wir können eingebildete Leiden als viel schwerwiegender ansehen und erfahren als konkrete Leiden. Aber Sie haben mich eben auf etwas gebracht, lieber Pavel Kohout. Ich glaube, wir müßten viele Biographien umschreiben, und zwar so, daß wir uns nicht mehr zufriedengeben mit der konkreten Biographie, sondern auch die Dimension des Phantastischen, die eine Biographie begleitet hat, mit hineinnehmen, um ein vollständiges Bild der Person zu bekommen. Ich denke noch einmal an Kafka und seinen Gregor Samsa in der »Verwandlung«. Ich kann mir denken, daß dies eine ganz konkrete biographische Erfahrung ist. In Ihre Biographie hineingefragt: wie war es, hat die Phantasie Ihnen manchmal geholfen, sich zu wehren, Abstand zu nehmen? Oder kann man anhand Ihrer Werke auf ganz bestimmte biographische Abschnitte zurückblicken? Ist das möglich?

KOHOUT
Da bin ich, wie man so schön deutsch zu sagen pflegt, überfragt. Ich habe eben von der Anfangsperiode gesprochen. Da ist es klar. Da kann man Tag für Tag nachweisen, was ich erlebt habe, das ist alles in der Poesie und in den Stücken festgehalten. Aber von einem bestimmten Zeitpunkt an ist das meiner Meinung nach nicht mehr voneinander abhängig. Oder anders gesagt, er ist zwar abhängig, aber unsichtbar. Ein Beispiel: in der schlimmsten Phase meines »vorletzten Lebens«, das waren die letzten neun Jahre in Prag – Sie wissen, daß ich Prag nicht freiwillig verlassen habe, ich war aus eigenem Entschluß und gerne dort –, in diesen Jahren habe ich einen Roman von Romain Rolland bearbeitet. Das Thema hat mit meiner

damaligen ganz besonders schwierigen Situation überhaupt nichts zu tun. Es ist ein Roman über einen französischen Weinbauern aus dem siebzehnten Jahrhundert,
der alle Laster des Lebens, den Krieg, den Tod seiner
Frau, und ich weiß nicht was noch gelassen auf sich
nimmt und versucht, trotzdem gute Laune zu behalten.

LENZ
Ich bin da ganz anderer Ansicht. Ich glaube, gerade die
Wahl dieses Stoffes bezeichnet Ihre Situation, die bio-
graphische Situation, auch sehr deutlich.

KOHOUT
Zugegeben: der Autor wollte mit dem Haupthelden dieses Romans ein paar Wochen verbringen, um sich in seiner eigenen Überzeugung zu stärken, daß es doch schön
ist, zu leben, allen Umständen zum Trotz. Was übrigens
die angewandte Phantasie in der Biographie betrifft, so
ist das bei Politikern schon lange verwirklicht.

LENZ
Gut, das nennt man dann »frisieren«. Aber gehen wir wei-
ter in Ihrem Werk. Wenn ich ein Buch wie den Roman
»Die Henkerin« betrachte, wird es schon schwieriger.
Hätten Sie Lust, darüber zu sprechen? Was hier vermittelt
wird? Vielleicht vorweg ein paar Sätze zum Inhalt?

KOHOUT
Im Prinzip wird darin die schlimmste Erfahrung meines
Lebens vermittelt. Und zwar die schlimmste politische
Erfahrung. Wie Sie wissen, gab es in den fünfziger Jah-
ren politische Prozesse in Prag, nach denen mehrere

Menschen hingerichtet worden sind. Das Verfahren wurde sogar im Fernsehen live übertragen. Viele, und ich auch, haben an die Echtheit dieser Prozesse geglaubt. Aber ein paar Jahre später war plötzlich alles anders. Man hat die Verurteilten nachträglich rehabilitiert, leider im toten Zustand. Seither sagte ich mir immer wieder: wäre damals nicht die Todesstrafe in unserem Gesetz verankert gewesen – sie ist es übrigens bis auf den heutigen Tag –, so könnten diese Menschen noch leben und sogar hohe Ämter bekleiden. Wie zum Beispiel unser heutiger Staatspräsident, der ja damals »nur« lebenslänglich bekam. So mußte ich mir immer wieder die Frage stellen: was ist das überhaupt, die Todesstrafe? Und ist es richtig, daß ein Staat die Todesstrafe im Gesetz hat? Doch nun zu meinem Buch. In der Bundesrepublik könnte man meinen, diese Sache ist für uns uninteressant, weil wir die Todesstrafe abgeschafft haben. Das gilt leider immer nur bis zum nächsten politischen Erdbeben, dann wimmelt es wieder von Henkern. Als die »Henkerin« jetzt in Paris präsentiert wurde, da hat man mir gesagt, daß das Buch zur Zeit, da die Todesstrafe nicht praktiziert wird, nicht interessant ist. Da habe ich darauf aufmerksam gemacht, daß nach offiziellen französischen Statistiken im Jahre 1945, also nach der Befreiung, ungefähr zehntausend Menschen in Frankreich hingerichtet wurden – und zwar ohne Gerichtsverfahren. Wo kamen die Henker für diese Vollstreckungen her? Was machen sie jetzt, sie – unsere Zeitgenossen? Wie wird man Henker? Man muß sich das immer wieder fragen. Wer mordet zum Beispiel in Kambodscha? Da werden plötzlich Zehntausende zu Henkern und Hunderttausende zu Opfern. Was ist das für ein Phänomen?

Mich bedrängte das. Ich mußte der Sache auf den Grund gehen. Ich habe mir Literatur besorgt und mit Entsetzen festgestellt, daß es eine ganze Exekutionswissenschaft gibt, daß Hunderte von Büchern existieren, die sich sachlich mit der Todesstrafe beschäftigen. Da kam ich auf die Idee: das einzige, was noch fehlt und nötig ist, ist eigentlich eine Henker-Schule. Und das war die Idee des Romans. Ich habe mir eine Schulklasse ausgedacht, sieben ganz junge Burschen – beziehungsweise sechs Burschen und ein Mädchen, damit die Gleichberechtigung auch hier durchgesetzt wird –, die »Henker« studieren. Ich versuchte, die innere Welt dieser jungen Menschen und auch die der Lehrer, des Professors für das Exekutionswesen oder der Dozenten für »hanging«, zu beschreiben, so als wären sie Studenten und Professoren an einer ganz normalen Lehranstalt. Eine solche Präsentation dieses Themas bot mir die Chance, überhaupt noch gehört zu werden. Keine Horrorgeschichten. Wer kann schon frisches Blut überbieten, das täglich aus Zeitungen und Fernsehern fließt? Ich habe es also lieber mit dem schwarzen Humor versucht. Wozu ich noch ehrlich sagen muß: das war die einzige Arbeit meines Lebens, die ich ungern machte. Sie hat sieben Jahre gedauert. Ich habe den Roman in größeren Zeitabständen geschrieben, weil ich immer zwischendurch das Gefühl hatte – na ja, mir war übel, mir war schlecht beim Studium der Materialien und beim Schreiben. Aber eben weil sich das Thema so widersetzte, habe ich mir gesagt, es muß geschrieben werden!

LENZ
Erkenntnis und Notwehr zugleich haben hier also, in

diesem Fall, die Phantasie stimuliert. Nehmen wir einmal dieses Mädchen, die »Henkerin«. Sie ist ja bezeichnenderweise zweimal durchs Examen gefallen.

KOHOUT

So daß man sie nur Henker studieren lassen kann. Und zwar ein zärtliches Mädchen, eine ausgesprochene Schönheit, die nur – und das ist der kleine Trick des Buches – auf vierhundert Seiten überhaupt nichts sagt. Alle sprechen zu ihr. Sie ist der Katalysator der Geschichte, und ihr gehört nur der letzte Satz des Buches, in dem sich ihr ganzer Denkprozeß spiegelt.

LENZ

Ich glaube, lieber Pavel Kohout, das ist deutlich geworden: die Phantasie kann durch verschiedene Wünsche stimuliert werden, durch verschiedene Bedürfnisse. Durch den Wunsch beispielsweise, das unzugängliche, unübersichtliche Leben auf einer anderen Ebene deutlicher, bestimmbarer zu machen. Der Wunsch nach Erkenntnis spielt sicher eine Rolle, die Neugierde spielt eine Rolle oder aber die Selbstversetzung. Ich denke an einen charakteristischen Satz aus Ihrem »Tagebuch eines Konterrevolutionärs«. Sie, ein junger Mann von sechzehn bis siebzehn Jahren, damals in Prag beim Schulfunk beschäftigt, am Ende des Krieges, gehen gerade zu Ihrer Arbeitsstätte, zu einem Studio. Es kommen zwei deutsche Polizisten. Sie gehen hinterher. Erinnern Sie sich an diese Situation? Draußen versucht man, sich zu befreien, endlich zu befreien von der deutschen Besatzung, und da heißt es bei Ihnen: »Wir sprangen ihnen an die Kehle«. Und der nächste Satz widerruft bereits, was dieser vorangehende als Wunsch deutlich werden ließ. Also, auch eine Möglichkeit der Phantasie, etwas vorweg zu tun, im Vorgriff zu erledigen.

Die Geschichte der Literatur zeigt, glaube ich, daß Phantasie durch etwas ganz Bestimmtes immer wieder mobilisiert und angestiftet wird, nämlich durch einen konkreten Mangel, durch Abwesenheit. Sagen wir, durch die Abwesenheit von Freunden, durch die Abwesenheit der Liebsten, durch Abwesenheit der Heimat. Ich denke an Ihre Biographie, lieber Pavel Kohout. Sie haben sehr viel aufgeben müssen, sehr viel Verzichte geleistet, Sie sind von Ihrem Staat ausgebürgert worden. Sie haben einen großen Verlust auf sich nehmen müssen. Wie bewirtschaftet Ihre Phantasie das Zurückgebliebene? Spielt es eine Rolle bei dem, was Sie schreiben? Was Sie denken? Müssen Sie sich immer wieder hineinversetzen in die Szenerie, die Sie haben verlassen müssen?

KOHOUT

Ich weiß es noch nicht. Es ist ja erst sechs Monate her. Vielleicht ist es mit den Lebenssituationen bei mir ähnlich wie mit den Stücken, wie mit den Themen. Sie brauchen eine gewisse Zeit, um bekräftigt zu werden. Außerdem, so schlimm es sein mag, eines an der ganzen Situation ist natürlich anders, als es in den normalen, immer schlimmen Emigrantenschicksalen ist: mir fehlt der ganze Denkprozeß, wie man zum Emigranten wird. Es fehlt der Prozeß der Entscheidung, weil ich, wie Sie wissen, am 4. Oktober 1979 mit meiner Frau in die Tschechoslowakei zurückgekehrt bin und nach acht Stunden von dem Staatsgebiet der ČSSR wortwörtlich weggetragen, weggeschoben wurde.

Das bedeutet, mir fehlt der freie Entschluß. Das ist an einem Emigrantenschicksal das schlimmste, daß man diese Entscheidung treffen muß, um dann auch lebenslänglich die Konsequenzen zu tragen. Ich trage die Konsequenzen eines Risikounternehmens. Ich wußte von Anfang an, daß diese Reise, diese einjährige Reise, eine Testreise war, um zu erproben, ob sich unsere Situation der Isolation in der Tschechoslowakei auf diese Art und Weise nicht wenigstens halb lösen lassen könnte. Ich wußte, daß das mit einem solchen Ergebnis enden konnte, aber ich hoffte – und ich hatte gute Gründe zu der Hoffnung –, daß der Staat nicht diesen Ausgang wählt. Jetzt trage ich natürlich nur die Konsequenzen eines Risikounternehmens, und ich bereue den Versuch nicht. Was das alles wirklich bedeutet, das wird mir, meiner Meinung nach, erst mit der Zeit klar werden.

LENZ
Sie meinen, die Empfindlichkeit des Verlustes wird mit der Zeit klarer werden.

KOHOUT
Bis jetzt hat sich das erstaunlicherweise nicht ausgewirkt. Aber vielleicht auch deswegen, weil ich immer noch zu meinem Plan stehe ...

LENZ
... zurückzugehen?

KOHOUT
Ja, das sicher, wann immer sich die geringste Möglichkeit bietet, gehe ich natürlich zurück. Ob sie sich bietet,

das weiß ich nicht. Manche Vorgänger haben auf die Möglichkeit, in Böhmen veröffentlicht zu werden, über hundert Jahre gewartet. Ab und zu geht es schneller. Ich will hoffen, daß ich das noch erlebe, daß meine Bücher wieder in meiner Heimat erscheinen, meine Stücke dort wieder gespielt werden. Jedenfalls bin ich noch mitten in meinem alten Schreibeplan. Ich schreibe immer noch das, was ich schreiben wollte. Deswegen bewege ich mich, obwohl ich in einem fremden Lande lebe, in einer mir vertrauten Landschaft, in der Landschaft meiner Gedanken und Phantasien. Und das macht die derzeitige Situation natürlich viel erträglicher.

LENZ
Das bedeutet: wenn Sie heute einen Roman, wenn Sie heute ein neues Stück schreiben würden, so käme Prag für Sie wie selbstverständlich als Ort der Handlung in Frage.

KOHOUT
Absolut. Was ich momentan schreibe, zum Beispiel, ist ein Roman nach einem Drehbuch meiner Frau Jelena. Das ist eine Geschichte mit dem Hauptthema Phantasie, die Geschichte eines fünfzehnjährigen Mädchens, das in einer kleinen, tschechischen, zeitgenössischen Stadt zu prophezeien beginnt. Klara, ein fünfzehnjähriges Mädchen, prophezeit gleich in der Anfangsszene, die ich sehr mag, allen Mitschülern, welche Aufgaben bei der nächsten Mathematikarbeit drankommen! Die ganze Klasse bekommt eine Eins. Dann gewinnt die ganze Stadt im Toto und Lotto. Da sitzt einfach ein kleines Mädchen und prophezeit. Wie soll sich eine sozialistische Kleinstadt mit einem solchen Phänomen auseinandersetzen?

LENZ

Ja, aber kann man da noch von Glück sprechen, wenn alle Menschen glücklich sind oder die Möglichkeit haben, wirklich am Glück teilzunehmen?

KOHOUT

Eben, das ist kein Glück mehr. Das ist auch das Thema der ganzen Geschichte. Da bewege ich mich jetzt tagtäglich in der vertrauten, bekannten tschechischen Landschaft, sogar in der kleinen Stadt, wo wir gewohnt haben, Jelena und ich, nach dem wir aus Prag zwangsausgesiedelt worden waren. Und ich spüre es weder als Belastung noch als Befreiung. Es ist für mich ganz normal, daß ich den ganzen Tag von Böhmen schreibe, dann eine Pause mache, nach draußen gehe – und auf einer Wiener Straße bin. Vielleicht auch, weil die Welt für mich schon vor Jahren viel, viel kleiner geworden ist, als sie eigentlich ist. Ich glaube, daß uns auf beiden Seiten der sogenannten Barrikade dieselben ungelösten Probleme beherrschen.

LENZ

Es kann nur Betroffene geben – auf beiden Seiten.

KOHOUT

Ja, ganz sicher. Ich spüre eigentlich im Westen die Fortsetzung meiner Problematik aus dem Osten. Es spiegelt sich anders ab, es hat andere Formen, aber im Prinzip ist es eine ähnliche menschliche Situation. Allerdings mit dem Unterschied, daß hier verschiedene Kontrollmechanismen momentan noch funktionieren. Ich betone: momentan.

LENZ

Herr Kohout, zurück zu dieser Ausgangssituation, in der Sie sich befinden. Ich kann mir denken, daß die ganzen Schwierigkeiten, die Sie im Augenblick mit der Lebensgründung haben – wie kriegst du eine Wohnung, wie richtest du dich ein, wie richtet man sich vor allen Dingen schreibend ein, wie richtet man sich ein im Hinblick auf ganz bestimmte Themen und ökonomische Notwendigkeiten –, daß all diese Schwierigkeiten Sie ein bißchen davon abhalten, Prag oder Böhmen zu vergessen.

KOHOUT

Eigentlich fehlt mir mehr Prag als Böhmen. Ich muß das sagen. Es ist vielleicht unverständlich, aber ich bin mehr Prager als Tscheche. Ich bin in Prag geboren, und Prag ist für mich mein Heimatdorf, im wahrsten Sinne des Wortes. Ich bin ein Pflastermensch, ein Asphaltmensch. Prag hat für mich eine Faszination. Eine Stadt, wo sich so viele Phantasien begegneten! Denken wir nur an die Zeit, die noch nicht so weit entfernt ist. Noch vor vierzig Jahren war es die Heimat von drei Literaturen, einer tsche-chischen, einer deutschen und einer jüdischen. Ich fühlte mich von Prag auf jedem Schritt und Tritt angesprochen. Aber zum Glück passierte dieses Unglück der Expatriierung zu spät. Ich glaube, wenn man fünfzig Jahre in und mit dieser Stadt gelebt hat, dann kann man sie auch in weiteren fünfzig Jahren nicht vergessen.

LENZ

Sie denken, gottlob, in großen Zeiträumen, jedenfalls, was ein Menschenleben anlangt. Zeit als Trösterin . . . Aber Ihre Freunde, lieber Pavel Kohout, besonders diejenigen, die auch schreiben, vermissen die Sie nicht?

KOHOUT

Ich will hoffen, daß sie mich vermissen, weil ich sie natürlich auch vermisse. Aber das ist die menschliche Seite des
Problems. Erst wenn eine solche Distanz die Freunde
trennt, dann weiß man, ob das eine große Freundschaft
war, eine große Liebe. Was mich betrifft, spüre ich einen
großen Verlust, wann immer ich an meine Kollegen denke, die tschechischen Schriftsteller, mit denen ich die letzten Jahre so schicksalhaft verbunden war, daß aus einer
Bekanntschaft eine tiefe Freundschaft wurde. Ich verfol-
ge natürlich ihre Arbeit weiter, und ich versuche, so gut
es möglich ist, mit ihnen Kontakt zu halten.

LENZ

Nicht nur dies. Vielleicht darf ich erwähnen, daß Sie in
einer wirklich großartigen Weise bemüht sind, diesen
Freunden, diesen Zurückgebliebenen hierzulande Aufmerksamkeit zu verschaffen. Ich selbst habe es erlebt,
daß Sie beispielsweise ihre Bücher vorstellen und versuchen, den Freunden hier Verleger zu beschaffen. Das
sind Wirksamkeiten, die die Freunde auch zur Kenntnis
nehmen werden.

KOHOUT

Wie Sie wissen, lieber Herr Lenz, biete ich die allererste
Qualität an. Es sind alles gute Schriftsteller. Sie haben genügend menschliche Erfahrung und sind jetzt in einem
Alter, in dem, wie man weiß, der Prosaiker eigentlich erst
»richtig alt« ist. Es sind die Fünfzigjährigen. Die wissen
schon was und haben noch die Kraft, es zu schreiben. Ich
halte es für einen reinen Zufall, daß meine Bücher verlegt
worden sind und ihre nicht. Es ist halt so im Leben, daß

man entweder eine gute Frau findet oder eine schlechtere. Es braucht oft mehrere Versuche. Und so ist das auch in der Literatur. Verlegt zu werden, gespielt zu werden, ist noch lange kein Beweis für Qualität. Ich versuche nur, die Qualität, die ich in Prag entdeckt habe und fortwährend entdecke, auch hier an den Leser zu bringen.

LENZ
Das ist etwas Entscheidendes. Wir alle, die wir schreiben, tun es ja in dem erklärten Wunsch, daß es auch eines Tages gedruckt und gelesen wird. Ich gehe davon aus, daß das, was geschrieben und nicht gedruckt ist, nicht existent ist, schroff gesagt. Ich meine, wenn wir uns »Madame Bovary« oder »Raskolnikov« geschrieben und dann entweder, sagen wir, auf den Grund der Seine oder auf den Grund der Moskwa versenkt vorstellen, dann sind sie nicht da.

KOHOUT
Wobei es natürlich auch Autoren gab, die es nicht für wünschenswert hielten, präsentiert zu werden. Kafka, wie wir wissen; aber es gab dann wieder vernünftige Leute, die nicht gehorsam waren und sie trotzdem präsentierten. Wenn Max Brod die Koffer wirklich verbrannt hätte, wie Kafka es wünschte, dann hätten wir heute eine Welt ohne Kafka. Das wäre natürlich dieselbe Welt, aber nicht so »erkannt«.

LENZ
Aber wie ist es mit den zurückgebliebenen Kollegen, die eine Reihe von Manuskripten geschrieben haben und keine Möglichkeit besitzen, an einen Verleger heranzukommen? Kann man ihnen von hier aus helfen?

KOHOUT

Zunächst hoffe ich das nur. Wissen Sie, lieber Herr Lenz, wir haben eine alte Entdeckung gemacht, was die Wirkung und den Sinn der Literatur selbst betrifft. Nämlich: es ist nicht immer notwendig, daß Bücher in großen Auflagen erscheinen, sondern das Wichtigste ist, daß sie die Brücke zu neuen Büchern schaffen. Damit ich es klar sage: es ist nicht so wichtig, ob die Bücher von uns, die ja dort verboten wurden, momentan an den Leser kommen, obwohl es natürlich empfehlens- und wünschenswert wäre. Wichtiger ist, daß zum Beispiel die anderen tschechischen Schriftsteller, die fortwährend schreiben, keine Lücke in der Literatur selbst haben, daß sie wissen, woran die Kollegen arbeiten, wie die Kollegen denken, wie die Phantasie gearbeitet hat und was in der Zeit entstanden ist. Wir schreiben keineswegs in einem luftleeren Raum, wir bauen auf dem Gebauten auf. Wir lassen uns nicht nur von der Realität, sondern auch von der vermittelten Realität, nämlich von der Literatur, beeinflussen. Deshalb kam eine einmalige Buchreihe zur Welt: die »Edition Schloß und Riegel«, tschechisch »Petlice«, in der alles Geschriebene von den Kollegen, die nicht in Prag verlegt werden dürfen, in abgetippter Form, also eigentlich als Manuskript, vom Autor signiert und damit autorisiert herausgegeben wird. Der wesentliche Unterschied zum sowjetischen »Samisdat« liegt darin, daß ich mit dem signierten Manuskript als Autor die rechtliche Verantwortung für dieses Buch übernommen habe und für alle Folgen bürge. Diese Bücher, heute schon an die zweihundert, waren es, die die große Informationslücke überbrückt haben. Denn ich wußte mit ihrer Hilfe nicht nur, was die Kollegen publizieren, die publizieren dürfen, und was die Kollegen in der Emigration schreiben – da gibt es die tschechischen Emigrantenverlage –, sondern auch, was die führenden Kollegen meiner Generation bis hin zu den Jüngsten schreiben und denken. Daß diese Lücke geschlossen wurde, ist das Verdienst eines Mannes, der Ludvík Vaculík heißt. Es ist eine rein literarische Aufgabe und keineswegs eine politische, weil es eben keine Sammlung von staatsfeindlichen Manuskripten ist. Neben Tagebüchern gibt es Märchenbücher, also Werke, die zu normalen Zeiten ganz sicher erscheinen dürften. Nur tragen sie Autorennamen, die heute in der ČSSR verboten sind. Also eine wirklich umfassende Übersicht über die gegenwärtige tschechische Literatur.

LENZ
Und diese Texte, die Sie eben erwähnt haben, die Edition »Schloß und Riegel«, sind die zugänglich und in welcher Form?

KOHOUT
Auch diese Bücher haben ihre Auflagen. Eine Auflage, das sind in der Regel fünfzehn Exemplare, die man auf einmal mit der Schreibmaschine abtippen kann. Ist ein Buch so gefragt wie zum Beispiel die Gedichte des heute wohl größten Dichters Böhmens, Jaroslav Seifert, dann wird es halt ungezählte Male abgetippt. Oder aber es handelt sich um große Romane mit vier- bis fünfhundert Seiten. Da muß natürlich eine Auflage reichen. Und mit diesen fünfzehn Exemplaren muß man wirklich vorsichtig umgehen. Das lesen dann der Reihe nach viele Freunde und Kollegen. Manche Manuskripte sind natürlich

auch hier bei den Verlegern, die sie dann übersetzen lassen.

LENZ
Ich verstehe es richtig, die Bücher sind auch hier im Westen, beziehungsweise die Manuskripte?

KOHOUT
Ja, es sind viele von ihnen hier. Ich bin der stolze Besitzer einer kompletten Reihe, und ich halte sie eigentlich für meinen größten Besitz. Zweihundert abgetippte tschechische Bücher zu haben als Originalexemplare, manche sogar mit Graphiken versehen und schön gebunden, alles Handarbeit und alles Hausarbeit, das ist schon wirklich ein Eigentum, das ist ein kulturelles Werk, das man nicht hoch genug schätzen kann. Ich habe sie jedenfalls in einem Safe deponiert.

LENZ
Lieber Pavel Kohout, zum Schluß möchte ich Sie um etwas Seltsames bitten: nämlich Ihre Phantasie zu mobilisieren, um sich eine Welt ohne Phantasie vorzustellen. Was könnte passieren, beziehungsweise worauf müßten wir gefaßt sein, wenn dieses Element oder diese Qualität oder diese Fähigkeit, Phantasie aufzubringen, nicht in der Welt wäre? Ich stelle mir beispielsweise vor, daß wir die ganze antike Götterwelt nicht hätten, daß wir keine Märchen besäßen. Wie zum Beispiel könnten wir eine Wolke, die über uns schwebt, sofort als, sagen wir, Boten ansehen oder als Vorzeichen für irgendein Ereignis, wenn wir nicht Phantasie aufbringen? Wie würde diese Welt beschaffen sein?

KOHOUT

Das sind die negativen Seiten des Problems. Aber sofort beginne ich natürlich auch über die positiven Seiten nachzudenken. Wir hätten zum Beispiel weniger Angst, denke ich mir. Wann immer ich auf jemanden warte, den ich mag – zum Beispiel auf meine Frau, auf die ich fortwährend warte –, dann male ich mir sofort aus, was ihr eventuell zugestoßen sein könnte. Diese Angst hätte ich nicht, hätte ich keine Phantasie.

LENZ

Aber auf der anderen Seite, um jetzt beim Negativen zu bleiben, gäbe es doch praktisch keinen Gegenentwurf. Wir müßten uns mit dem Zustand der Welt so, wie er sich uns darstellt, abfinden. Wir wären verloren in einem Definitivum, es gäbe keine Alternative. Wir könnten uns nicht befreien; das muß doch ein entsetzlicher Zustand sein. Ich glaube, wenn ich mich recht erinnere, haben Sie vorhin gesagt, daß auch der Revolutionär darauf angewiesen ist, in dem Augenblick, wo er diese Welt durchschaut hat, seine Phantasie zu mobilisieren oder zu aktivieren, um ihr etwas entgegenzuhalten. Ein »Nein« zu dieser Welt setzt doch schon den Akt der Phantasie voraus.

KOHOUT

Leider, muß man sagen, ist die Phantasie an einer revolutionären Idee das Schönste, weil, wenn sie umgesetzt wird, die Idee oft in ihr Gegenteil verkehrt wird. Deswegen ist es manchmal gut, wenn ein Projekt Phantasie bleibt. – Aber lassen Sie mich noch das sagen, lieber Siegfried Lenz: seit wir heute von Phantasie sprechen, habe ich mich schon zum dutzendsten Mal an eines der Bücher erinnert, die ich am meisten schätze, das ist »Der kleine Prinz« von Antoine de Saint-Exupéry. Es beginnt, wie Sie wissen, mit einer Abbildung, die Exupéry selber gezeichnet hat. Ein Hut liegt auf dem Tisch, und der Autor fragt: »Was ist unter dem Hut?« Wir als Leser dürfen raten. Dann wird der Hut aufgenommen, und unter dem Hut befindet sich ein Elefant. Exupéry sagt, das ist eben das Wichtige, daß sich unter einem Hut ein Elefant befinden kann. Ich denke sehr, sehr oft an dieses Bild.

LENZ
Und das Bild mit der Schlange, wenn Sie es in Erinnerung haben.

KOHOUT
Ja, natürlich. Ich denke mir immer, solange es Leute geben wird, die imstande sind, zu behaupten, daß sich unter einem Hut ein Elefant befinden kann, und vor allem, solange es Leute geben wird, die bereit sind, das zu glauben, so lange gibt es für die Welt noch eine gewisse Hoffnung. Wenn die Phantasie aus der Welt verschwindet, dann ist es, meiner Meinung nach, aus mit dem ganzen menschlichen Leben. Ich beginne sogar zu glauben, je älter ich werde, daß es die reine Phantasie war, aus der alles entstanden ist.

LENZ
Beispielsweise der Sündenfall. Ich kann mir nicht vorstellen, daß Adam ohne Phantasie dieses Gebot übertreten hätte; es war ein Sündenfall der Erkenntnis oder zur Erkenntnis hin.

KOHOUT

Man kann sich kaum vorstellen, daß Adam, als man ihm
verboten hatte, Äpfel zu essen, wirklich an Äpfel gedacht hat.

LENZ

Ganz sicher nicht. Er war auf andere Erkenntnisfreuden
aus, glaube ich.

KOHOUT

Und das war ein Moment der Phantasie, der für uns alle
wortwörtlich lebenswichtig war.

LENZ

Können wir also feststellen, daß eine Welt ohne Phantasie
eine Art Hölle wäre, eine Hölle der Langeweile zumindest?

KOHOUT

Zumindest ein gesunder Obstgarten.

*Das Gespräch wurde am 27. April 1980 im Fernsehstudio
von Radio Bremen aufgezeichnet.*

Günter Grass

LENZ

Ich hatte einmal einen Wachtraum, der etwa so begann:
in der Weichselniederung wurde ein Fußabdruck gefunden, ein sehr alter Fußabdruck. Alle Welt rätselte. Die
Leute fragten sich, wer kann das gewesen sein, der diesen
Fußabdruck hinterlassen hat, einen Fußabdruck, der
Zeiten überdauert hatte, vom Hagel schön hart getrom-
melt, von der Sonne gebacken. Ich wurde zum Gutach-
ter bestellt. Als ich den Fußabdruck näher betrachtete,
wußte ich sofort, wem er gehörte, hielt den Namen aber
noch ein bißchen zurück. Dann aber – unter Zwang –
gab ich ihn preis: Günter Grass.
Die Menschen, deren Phantasie längst mobilisiert war,
wiesen mich darauf hin, daß dies aber ein Fußabdruck
aus der Jungsteinzeit sein müsse. Das sei eindeutig. Ich
sagte: warum nicht, möglicherweise wird er auf dem
Weg der Selbstversetzung dahin gelangt sein. Sie fragten
mich: was ist das für ein Verkehrsmittel, die Selbstversetzung? Ich sagte: sie gehört zur Phantasie, und im übrigen müßten wir wohl versuchen, der Geschichtsschreibung nach Dokumenten und Fakten eine andere Art der
Geschichtsschreibung zur Seite zu stellen: eine imaginä-
re Geschichtsschreibung, die der Einbildungskraft nach-
gibt.
Ich kann mir vorstellen, daß auf diesem Wege ein heutiger Zeitgenosse mehr über einen Bewohner der Jungsteinzeit erfahren kann, als dieser über sich selbst wußte,
und ebenso über einen alten Römer oder einen Grie-
chen. Bei uns kommt vieles zusammen an faktischer

Kenntnis. Aber dieses ausgebreitete, überlieferte faktische Wissen gilt es noch einmal mit Hilfe der Phantasie zu tränken, um die vielen Lücken zu füllen.

Das sagte ich also den Leuten, und sie antworteten: na, gut und schön, aber wie kommt der Fußabdruck dahin? Worauf ich erwiderte: das allerdings ist das Geheimnis des Geschichtenerzählers Günter Grass, dessen Phantasie, wie seine Bücher zeigen, sich mit erklärter Liebe ans Ferne, ans Fremde hängt. Entspricht es auch deiner Ansicht, daß Phantasie zunächst dadurch mobilisiert wird, daß etwas entlegen ist, nicht verfügbar, abwesend?

GRASS

Der Begriff Phantasie ist ja belastet, nicht nur durch: »Das ist nur Phantasie, du phantasierst ja schon wieder«, sondern auch durch den Kontrastbegriff: »Das ist die Wirklichkeit.« Man ist immer wieder gezwungen, nachzuweisen, wie gerade diese Wirklichkeit verstellt ist durch sehr erfindungsarme Phantasien. Wir haben uns ganz bestimmten Definitionen gebeugt und Sie als Wirklichkeit akzeptiert; z. B. dieses Korsett des chronologischen Zeitbegriffs. Wir wissen es von uns. Jeder kann bei sich selbst überprüfen und nachweisen, daß unsere Gedanken sich nicht an den chronologischen Ablauf halten. Wenn wir denken, wenn wir träumen, schweifen wir ab. Wenn wir irgendeiner Handlung nachgehen, können wir dennoch mit unseren Gedanken in anderen Regionen sein, in anderen Zeiten. Alles ist bunt gemischt, ein Fluten und Strömen. Da laufen mehrere Filme gleichzeitig in unserem Unterbewußtsein ab; das ist alles uralt und bekannt. In der Literatur haben es Autoren wie James Joyce oder Proust, etwas später bei uns von Scheerbart bis Döblin viele bewußt gemacht. Genau so, wie sich mit dem Kubismus unsere Sehgewohnheiten hätten verändern müssen und bei einigen – selbst, wenn sie es nicht wahrhaben wollen – auch verändert haben. Wir wissen doch von diesen inneren Monologen und Dialogen, von diesen Vorgängen in uns, die sich dem Zwang der Chronologie entzogen haben, die freigesetzt sind und die natürlich auch Wirklichkeit sind. Um nun aber endlich zur Beantwortung deiner Frage zu kommen: für mich ist das, was isoliert von der Wirklichkeit immer als »Phantasie« bezeichnet wird, ein Teil der Wirklichkeit. Ich mache diese Spaltung – hier Wirklichkeit, dort Phantasie – nicht mit.

LENZ
Kann man also sagen, daß das Wirkliche das Phantastische und umgekehrt das Phantastische das Wirkliche ist? Daß das eine das andere nicht ausschließt, sondern möglicherweise sogar bedingt?

GRASS
Ja, aber es entsteht dann ein anderer Wirklichkeitsbegriff, der die Phantasie und die Kraft der Phantasie, den Zeitbegriff der Phantasie, der ein ganz anderer Zeitbegriff ist, mit hineinnimmt in diese neue Wirklichkeit.

LENZ
Goethe hat ja versucht – im Hinblick auf die Oper – diesen Wirklichkeitsbegriff als Kunstwahrheit zu definieren. Als eine eigene Wahrheit also, die ihre Geltung allerdings nur auf einem bestimmten Feld haben könnte. Sobald man sie zum Beispiel auf Realität bezieht,

versag sie sich und gibt nichts her – sie gibt keinen Sinn.

GRASS
Ist es nicht eher umgekehrt, daß sich dann unser reduzierter Wirklichkeitsbegriff, außerhalb der von dir angesprochenen Opernbühne, als zu eng erweist? Diese erweiterte Wirklichkeit, die wir ja auch in Bildern finden, in jedem Sprachgebilde, das ästhetischen Gesetzen folgt, sprengt unseren engen Wirklichkeits- und Realitätsbegriff, weil wir uns in der Wirklichkeit so haben domestizieren lassen, daß wir einen derart erweiterten Wirklichkeitsbegriff allenfalls im Theater ertragen.

LENZ
Kehren wir zurück zur Phantasie und zu dem Prozeß, den sie beim Erinnern auslöst. Was geschieht, wenn ein Mann in Berlin sitzt oder in Paris und sich erinnert? Sich erinnert, sagen wir, an den Strom der Weichsel, der durch seine Jugend floß, und auf einmal feststellt, daß dieser Strom – wie es bei dir heißt – breiter wird und breiter ... Ich möchte dich fragen, in den Prozeß des Erinnerns hinein: ist es charakteristisch für die Phantasie, daß sie ein Erscheinungsbild anreichert, verändert – und mit welchem Ziel?

GRASS
Ich kann es nur am Beispiel deutlich machen.

LENZ
Dichtet die Phantasie bereits mit, wenn wir etwas Existentielles, Nachgewiesenes, Faktisches zu reproduzie-

ren versuchen? Ich meine einen Vorgang in den Ausma-
ßen, wie bei Proust, den du schon erwähnt hast?

GRASS
Wir haben es ja in jedem Fall, ob das nun unmittelbar erlebte Vergangenheit ist oder ob es länger zurückliegen-
de Prozesse sind, mit Geröllhalden zu tun, die das eine
und das andere verdecken. Und so ist Erinnern auch immer ein Wegräumen von Geröllhalden. Das Suchen in
diesen Geröllhalden ist nun allerdings oft genug ein Vorgang, den ich als blindlings bezeichnen möchte. Ich glaube nicht, daß man in einer Geröllhalde gezielt etwas
sucht oder suchen kann. Was hervorkommt, ist meistens
nicht, was man erwartet hat, und löst beim Suchenden
wieder ganz andere Reaktionen aus. Fast immer sind es
Überraschungen. Für mich sind die ersten Schreibpro-
zesse großer epischer Konzepte, wie zum Beispiel
»Blechtrommel« oder »Hundejahre«, auf die du ange-
spielt hast, ein solches Herumwühlen in Geröllhalden
gewesen. Ich habe mir das eigentlich von meinem Her-
kommen her – damit meine ich meine ersten Arbeiten
– aus der Bildenden Kunst, der Lyrik, szenischen Versuchen wie Einaktern nie vorstellen können, daß ich mich
vier, fünf Jahre lang mit einer solchen Geröllhalde beschäftigen muß. Und als ich dann dabei war, bei der
»Blechtrommel«, meine ich, da war die Geröllhalde eines Tages abgetragen, und es blieb die Zwiebel. Die
Zwiebel, die immer noch eine neue Haut hat. Meinem
eigenen Vermögen, mich zu erinnern, war dann keine
Grenze mehr gesetzt. Es lag immer noch etwas unter der
nächsten Haut, es gab immer noch etwas Neues, das
durch kleine Anstöße, auch durch Augenschein zu ent-

decken war. Ich bin nämlich während der Arbeit an der »Blechtrommel«, '58 war es, zum ersten Mal nach dem Kriege nach Polen gereist. Ich habe Danzig gesucht und kam nach Gdansk. Es war alles anders, und es war plötzlich noch mehr da, als ich erwartet hatte. In der »Blechtrommel« gibt es ein Kapitel, das heißt: »Brausepulver«. Das hängt zusammen mit einer solchen Ortsbesichtigung, mit »in-Augenschein-Nehmen«. Ich kam nach Brösen, das ist ein Fischerdorf an der Ostsee, eine Viertelstunde Straßenbahnfahrt von dem Danziger Vorort Langfuhr entfernt, wo ich einen großen Teil meiner Kindheit und Jugend verbracht habe. Die Badeanstalt stand noch, und es stand dort eine Erfrischungsbude. Sie war vernagelt, es war Frühjahr und keine Badesaison. Ich sah das Erfrischungshäuschen, und sofort war für mich »Brausepulver« da! Waren auch die Tütchen da, Konsistenz, Geschmack, Geruch, alles mögliche, selbst das Chemische am Brausepulver schmeckte ich augenblicklich.

Was ich bis jetzt geschildert habe, ist ein landläufiges Erinnern, das jedem Menschen möglich ist. Jeder empfängt, wenn er an Orte zurückkehrt, die er lange nicht gesehen hat, solche Anstöße. Aber jetzt kommt oder kam etwas dazu – bei mir. Der Unterschied ist wahrscheinlich, daß bei dir und mir ein solches Auffinden auf einmal Handlungen in Gang setzt, daß Aktionen entstehen. Auf einmal waren Figuren, die bei mir schon angelegt waren, die auch schon ihr literarisches Leben gefunden hatten, auf einmal waren diese Figuren mit »Brausepulver« verquickt. Es löste sich in Handlung auf. Und der Autor kam sich vor wie ein Instrument, das jetzt dazu benutzt wurde, mit diesem »Brausepulver« zu spielen, d. h. die literarisch von mir ins Leben gesetzten Figuren, wenn ich das so sagen darf, mit »Brausepulver« zu versetzen. Ich mußte nur noch einen Prozeß nachvollziehen.

LENZ
Darf ich dazu mal etwas fragen? Wie Proust so bilanzierend angemerkt hat, ist vornehmlich das Abwesende die Quelle unserer Einbildungskraft. Und wenn man lange über Abwesendes nachdenkt, es herausholt aus dem Geröll, es, wie du sagtest, freischarrt, dann muß doch jeder Einbruch des Augenscheins oder jede Kontrolle durch den Augenschein eine sehr riskante Korrektur darstellen, oder nicht?

GRASS
Ich möchte antworten, indem ich auf das Proust-Zitat zurückgehe: das Abwesende als Quelle unserer Einbildungskraft. Das muß man – glaube ich – sozialer fassen.
Ich bin in einer Zweizimmerwohnung aufgewachsen. Und die Tatsache, daß ich als Kind und dann als Jugendlicher stets mit anderen auf engem Raum leben mußte, mit fünfzehn Jahren Luftwaffenhelfer, das letzte Kriegsjahr Soldat, dann Gefangenschaft, dann in der Nachkriegszeit mit Studenten und Lehrlingen – zehn Leute manchmal in einem Raum, das hat bei mir eine Art Trauma erzeugt: kein eigenes Zimmer zu haben. Aber was ich immer als Verlust empfunden habe, hat bei mir Phantasie freigesetzt.
Ich mußte mir in der Enge, in der reduzierten Wirklichkeit dieser Zweizimmerwohnung Räume schaffen. Eine

solche Zweizimmerwohnung, das ist eine Brutstätte der Phantasie, weil jeder Vorgang zunächst einmal eine geistige Anstrengung ist. Dieses »Sich-abschirmen-Müssen«, sich einen Raum schaffen müssen, in dem man zum Beispiel den herrlichen Vorgang des Lesens praktizieren kann. Das setzte schon sehr früh voraus, daß ich ein Instrumentarium entwickelte, nämlich das der Phantasie, das der Vorstellungskraft, um mir das herbeizusehnen, mit allen möglichen Kniffen herbeizuspekulieren, was nicht da war.

LENZ
Das ist interessant. Also Phantasie nicht nur, um etwas bloßzustellen, sondern auch als Erfahrungsbereicherung, als eine neue Art, sich vorzufinden.

GRASS
Phantasie als Existenznotwendigkeit.

LENZ
Ich halte fest: Phantasie als Existenznotwendigkeit – und nicht: Phantasie, um zu entfliehen, um einem Zustand zu entkommen, den man nicht mehr länger so ertragen kann.

GRASS
Deswegen ist auch das, was ich anfangs theoretisch geäußert habe, von großer Wichtigkeit – dieser erweiterte Wirklichkeitsbegriff, in dem die Phantasie ihren gleichwertigen Platz hat und nicht an den Rand gedrückt wird, das ist für mich durch Erfahrung, durch soziale Erfahrung, Voraussetzung meiner Existenz gewesen. Ich

hätte meine damalige Existenz – Zweizimmerwohnung, später Barackenleben – kaum aushalten können, wenn ich nicht in den jeweils engen Verhältnissen, in denen es keinen eigenen Raum für mich gab, die Fähigkeit gehabt hätte, mir dennoch Räume zu schaffen.

LENZ
Gut. Das ist eine bekenntnishafte, biographische Anmerkung, die zeigt, wozu Phantasie in Anspruch genommen werden kann und wie früh sie uns bereits als Möglichkeit zur Verfügung steht. Aber in der Rolle des Schriftstellers müssen wir uns doch zugeben, daß wir Phantasie mehr oder weniger methodisch einsetzen, sehr bewußt einsetzen, mit ihrer Hilfe zu anderen Beweisen gelangen möchten. Um ein Beispiel zu geben: ich denke daran, wie Cervantes versucht hat, mit Hilfe der Phantasie einen ganzen Stand lächerlich zu machen; das heißt, mit dem Mittel der Verkennung einen Mann dazu zu bringen, sich der Lächerlichkeit preiszugeben und damit seinen hinter ihm stehenden Stand. Ein anderes Beispiel: Pavel Kohout, mit dem ich über das gleiche Thema sprach, hat versucht, mit Hilfe der Phantasie ein nicht mehr für möglich gehaltenes Einverständnis zwischen Leser und Autor zu erreichen, ein subversives Einverständnis, dort, wo eine zensierte Meinung keinen freien, unverstellten Austausch zwischen Menschen mehr zuließ. Er beschreibt einen Sportlehrer namens Jurácek, der eines Morgens an der Zimmerdecke klebt. Das verstößt gegen alle Wahrscheinlichkeit, zumindest gegen das Gravitationsgesetz. Es geht so lange gut, bis die Zensoren merken, daß mit der Aufhebung eines Gesetzes, und zwar eines so entscheidenden wie des Gesetzes der

Schwerkraft, alle anderen Gesetze ins Wanken geraten könnten; und da begreift man die aufkommenden Gefahren und entledigt sich dieses Mannes. Selbstverständlich.

Hier wird ein Phantasieangebot unmittelbar aufgenommen und auf die eigene Lebensrealität bezogen. Zwar ein überaus phantastischer Gegenentwurf zur Realität, aber gerade deshalb wohl so gefährlich für die Mächtigen.

Ich rufe mir in Erinnerung, was die Bewegung der Phantasie, oder sagen wir, die Energie der Phantasie bei dir hervorbringt: es sind am Anfang Kindheitsbilder, Schreckensbilder, Drohbilder − von der schwarzen Köchin angefangen, bis hin zu übermächtigen Landschaftsbildern. Welche Beweiskraft traust du der Phantasie zu, wenn du sie zunächst das einbringen läßt? Alles übermächtig, groß, immer wieder diese private Mythologie?

GRASS

Es gehört ja, jedenfalls in diesem Bereich, den du angesprochen hast, die Absicht dazu, etwas beschwören zu wollen, heraufzubeschwören, wiederzubeschwören, es entstehen zu lassen. Da sind Abbildungen oft ein geeignetes Hilfsmittel. Nimm mal das Requisit jeder kleinbürgerlichen Familie: das auch '45 bei der Flucht in den meisten Fällen gerettete Fotoalbum. Das spielt auch in der »Blechtrommel« eine gewisse Rolle, nämlich als Anlasser für diesen Motor der Phantasie. Du hast eine Familienszene, flächig abgebildet mit der Familienkodak. Und auf einmal macht sich dieses Personal selbständig. Übersetzt auf den Schreibprozeß bedeutet das: in dem von mir verwendeten Wirklichkeitsbegriff, in dem die Phantasie Platz hat, ja, Platz beansprucht, beginnt sich die Syntax zu entwickeln. Es sind oft lange Sätze, Satzperioden, die aber »plan« sind, ich sage immer: pseudorealistisch. Dann kommt das »Realitäteinsetzen«, ein Wohnraum, eine Fassade, ein Museumsraum im Kapitel »Niobe« wird beschrieben, und dann, oft hinter einem Semikolon, schlägt all das um, unmerklich erweitert sich der Raum, kommt Zeit hinein, wird Chronologie aufgehoben, und abermals wagt die Satzperiode einen Umschwung und kehrt wieder in die »Fläche«, in die zu fotografierende Wirklichkeit zurück; aber es ist eine andere Wirklichkeit als die im ersten Teil der Satzperiode, weil sie mittlerweile angereichert oder verseucht worden ist durch den Einbruch dieser Art von Wirklichkeit, die ihren Platz beansprucht. Das sind Veränderungen im Schreibprozeß, im Beschwörungsprozeß, die auf einmal Überdeutlichkeiten herstellen, die mit landläufigen Mitteln nicht zu erreichen sind.

LENZ
Das heißt also, jede Erscheinung hat ihre Tiefe, und – durch Phantasie belebt – kann man aus ihr Ferne beziehen.

GRASS
Wir haben es uns nun einmal angewöhnt, Realität und Wirklichkeit an den harten Gegenständen zu messen, die angeblich unwiderleglich im Raum stehen, auf dem Tisch, auf dem Fußboden; und den Schatten, den sie werfen, den meinen wir nur als Schatten erkennen zu können. Aber diese Gegenstände werfen natürlich auch andere Schatten. Um diese Schatten wahrzunehmen, bedarf es einer Voraussetzung: wir müssen unserem redu-

zierten Wirklichkeitsbegriff mißtrauen und dann, zum zweiten, das Handwerkszeug haben, sei es in der einen oder anderen Disziplin, als Grafiker zum Beispiel, als Maler oder als Schriftsteller, diesen auch vorhandenen anderen Schattenwurf zu beschreiben.

LENZ

Ich möchte noch einmal auf eine schon früher gestellte Frage zurückkommen. Jean Paul hat diese Frage in seiner »Vorschule« aufgeworfen. Warum wendet sich die Phantasie mit Vorliebe der Vergangenheit zu oder der Zukunft, während die Gegenwart fast übergangen wird? Jean Paul meint, weil die Gegenwart keine Neigung hat, etwas Ganzes abzugeben, etwas Vollständiges. Stimmt das mit deiner Ansicht oder mit deiner Schreiberfahrung und Denkerfahrung überein?

GRASS

Gegenwart ist ein sehr fragwürdiger Begriff. Schon der Beginn unseres Gesprächs ist Vergangenheit. Nichts ist vergänglicher als Gegenwart, nichts »flieht« so rasch. Es hat etwas vom flüchtigen Augenblick und wenig Spielraum. Es ist wenig »Raum« um die Gegenwart. Deshalb neige ich in der letzten Zeit dazu, wenn auch etwas spielerisch, aber ich meine das schon ernst, mit einer »Vergegenkunft« zu arbeiten. Einer vierten Zeit, die es uns möglich macht, unsere Schuleinteilungen Vergangenheit – Gegenwart – Zukunft zu überspringen oder parallelzuschalten, sie einzuholen oder uns näherzubringen, was die Zukunft betrifft. Diese Möglichkeiten sind da und können – wenn es sich um Bücher handelt – natürlich nur Angebote an Leser sein, die sich, ähnlich wie der Autor, mit der Reduzierung unserer Wirklichkeit nicht zufriedengeben.

LENZ
Mit der Reduzierung oder mit der Undurchschaubarkeit?

GRASS
Mit der Reduzierung, die mehr und mehr zunimmt. Das hat politische Folgen, das prägt Verhaltensweisen, führt zu verstörtem Verhalten bei jungen Menschen, bei denen alles schon auf einen Wirklichkeitsbegriff reduziert ist, der keinerlei Bewegung mehr oder nur noch wenig Bewegung erlaubt. Da ist alles bis in die Lebensversicherung hinein schon vorweggenommen, ein domestiziertes, auf eine enge Wirklichkeit beschränktes Leben. Das fordert geradezu eine ganz neue Form von Befreiung heraus.

LENZ
Auch Befreiung von Phantasie, selbstverständlich. Weil die Phantasie in diesem Fall ja ein Ungenügen an der Realität finden müßte.

GRASS
Ja, wenn wir die Phantasie jetzt wieder als etwas Außenstehendes sehen, dann ist die Phantasie die Ersatzwirklichkeit, dann ist sie nur Zuflucht.

LENZ
Ich meine, wir müssen uns auch bereitfinden, sozusagen im Vogelflug auf die Möglichkeiten herabzusehen, wie

Phantasie und Wirklichkeit sich zueinander verhalten oder verhalten können. Denn in dem Augenblick, in dem man selbst in einer phantastischen Welt lebt, empfindet man das Phantastische nicht mehr als phantastisch. Erst die Möglichkeit, sich zu separieren, sich herauszunehmen, kann uns zu dem Urteil bringen, daß etwas phantastisch ist, das heißt, unserer alltäglichen Wahrnehmung nicht entspricht.

GRASS
Sind nicht all die Männlein, die durch unsere Gegenwart turnen und vor lauter Sachzwang keine Kniebeuge mehr machen können, nicht das Phantastischste und Unwirklichste, was es überhaupt gibt? Sind es nicht diejenigen, die dauernd die harten Fakten beklopfen und immer genau Bescheid zu wissen meinen, wo die Sachzwänge anfangen, wo sie aufhören?

LENZ
Sie sind phantastisch, aber wahr.

GRASS
Ja, ja, gut, aber ich muß sie ja erst einmal bestimmen, um sie zu erkennen, auch in ihrer Gefährlichkeit, in ihrer Borniertheit, ihrer Dummheit. Sie treten natürlich als die schlauen Bescheidwisser auf, und sie treten auch als diejenigen auf, die dir und mir schulterklopfend sagen: Ich werde immer dafür eintreten, daß dieser Bereich der Kunst, vom Grundgesetz garantiert, daß er als Spielwiese erhalten bleibt. Aber doch immer mit der Betonung auf »Spielwiese«.

74

LENZ

Denken wir es weiter: wir leben in einer phantastischen
Welt, in der wir uns daran gewöhnt haben, daß Menschen durch die Wand gehen können. Wir aber, wir
können es nicht. Muß uns eine solche Eigenschaft, eine
solche Qualität nicht wunderlich vorkommen? Schon
einfach deshalb, weil sie unserer Erfahrung nicht entspricht? Wir können ein solches Angebot zwar als ein
unterhaltsames, aber im übrigen doch nur als ein Angebot ansehen, das uns nicht erreicht und allenfalls ein
Achselzucken abnötigt.

GRASS

Mit den wundersamen Geschichten ist das so eine merkwürdige Sache. Meine Schwester war in den fünfziger
Jahren Nonne in einem Kloster in Italien. Ich habe sie
dort auf einer Autostopreise als ganz junger Mensch
besucht. In diesem Kloster gab es eine Küchen-Nonne,
die mir die unbefleckte Empfängnis Marias erklärt hat.
Auf ihre Art und Weise natürlich. Sie hielt ein Glas gegen das Licht. Es war Sonnenschein, der Sonnenstrahl
ging durch das Glas hindurch und kam – zwar ein bißchen gebrochen – wieder heraus. »Guck mal«, sagte sie,
»das Glas geht nicht kaputt. So ist es mit der unbefleck-
ten Empfängnis.«
Es war ganz einleuchtend, ein ganz klarer Beweis dafür,
daß so etwas möglich ist. Es kommt doch nicht darauf
an, daß man faktisch beweisen kann: ich bin in der Lage,
durch diese Wand zu gehen, und man sieht es der Wand
hinterher nicht an. Das ist in unserer Vorstellung, das
sind unsere Urträume: fliegen zu können, Glas zersingen oder verschreien zu können, unsichtbar werden zu

können! Wer hat sich nicht schon einmal die Tarnkappe gewünscht! Unsichtbarsein, Dazwischensein – das sind doch alles Dinge, die unsere Vorstellungskraft bevölkern, seit unser Gehirn funktioniert, die da sind und dadurch Realität sind. Wir haben es gar nicht nötig, so dumm »bewiesen« zu werden.

Lenz

Aber das Phantastische muß doch in einer Ordnung stehen. Der glaszersingende Oskar aus der »Blechtrommel« kann uns nur deshalb glaubwürdig vorkommen, weil er eine von dir erwähnte Straßenbahnlinie, die wirklich existiert hat, benutzt und weil er deswegen ausbalanciert ist in einer Realität, die auch die unsere ist. Das Phantastische ist auf diese Ordnung angewiesen, auf eine Gesetzmäßigkeit, der wir alle unterliegen, die wir erfahren können. Wenn die phantastische Eigenschaft, die phantastische Begabung sich hier manifest macht, wird sie unmittelbar einsehbar und auch ein Teil unseres Lebens oder unserer Erfahrung, unserer Wunscherfahrung.

Grass

Ich meine mit Phantasie ja auch nicht etwas, das im luftleeren Raum steht. Sie bezieht sich immer zu dieser »reduzierten Realität«, zu der Straßenbahn, zu diesen dürren Fakten, ist eingefriedet von ihnen. Hier fängt natürlich auch das Handwerk beim Schreiben an. Je »unwahrscheinlicher« der phantastische Einfall, um so genauer muß recherchiert werden, das ist richtig. Und es kommt bei mir noch etwas anderes hinzu: das Zeichnen, das neben all der Lust, die damit zusammenhängt, eine zusätzliche Funktion hat. Ich habe oft erlebt, daß die Sprache,

76

wenn sie Phantasie in die Wirklichkeit mit hineinnimmt, ein sehr leichtgewichtiges Instrument ist. Da
steht auf einmal eine Metapher auf dem Papier, die schil-
lert und glänzt verdächtig. Wenn ich dann anfange, was
ich oft gemacht habe, diese Metapher zeichnerisch zu
überprüfen, wenn ich mit dem sehr genauen Instrument
des Zeichenstiftes ein Gegenbild mache, dann hält die
Wortmetapher oft genug nicht mehr stand. Das Zeichnen als Kontrollmöglichkeit gegenüber dem Schreiben
hat sich jedenfalls gerade im Bereich der Phantasie, in
dem, was zum Bild gerinnt, als wirksam erwiesen.

Lenz
Mir ist aufgefallen, daß dem phantastischen Einfall bei
dir fast überall erhebliche Erfahrung vorausgegangen ist
– eine Erfahrung privaten Inhalts, eine Erfahrung im
Umgang mit deutscher Geschichte, auch mit selbsterleb-
ter Geschichte, als Erfahrung, sagen wir, der Wirt-
schaftswelt, da, wo sie sich als »Unterwelt« darstellt:
Kali-Bergwerk, Vogelscheuche – ich nenne nur mal
einige Einfälle. Ist das Phantastische auf so weitreichen-
de Erfahrung angewiesen, um sich zu legitimieren? Muß
die Erfahrung unbedingt vorausgehen?

Grass
Ja, weil das Phantastische zur Wirklichkeit gehört. Ich
komme wieder auf meinen alten Begriff »bodenlose
Phantasterei« zurück. Es gehören Erfahrungen dazu,
sonst wird es bodenlos. Wie wir ja auch umgekehrt im
angeblich realistischen Bereich oft genug Leute erleben,
die scheinbar von Fakten reden, aber das Ganze so ideo-
logisch handhaben, daß da dann auch etwas Bodenloses

da ist. Man denkt, es ist eine Sprache der Vernunft, die aber bemüht wird mit den alten Wortbegriffen – das plappert sich so weg. Es kann auch im religiösen Bereich sein, irgendein Wort zum Sonntag, das so im christlichen Sprachritual abläuft – aber wenn man genau hinhört, ist es nur noch Blablabla. Es ist weg von der Wirklichkeit, weil die Erfahrung nicht mehr dahintersteht. Ich möchte das übrigens nicht nur auf die Phantasie und Einbildungskraft beziehen; vor allem gehört auch Erfahrung mit der eigenen Phantasie dazu.

LENZ
Ist nicht auch so eine, sagen wir »ortlose Denkerfahrung« möglich, im abstrakten Raum, die dennoch in der Lage ist, zurückzuwirken, zurückzuspiegeln?

GRASS
Ich will dir auf Umwegen antworten. Du sprachst von meiner Erfahrung mit deutscher Geschichte. Ein Beispiel soll es deutlich machen. Ich war, glaube ich, neunzehn Jahre alt, war gerade aus der Gefangenschaft entlassen und traf in Göttingen auf dem Bahnhof einen ehemaligen Mitschüler, der dort sein Abitur nachmachte. Er wohnte bei seinen Eltern. Ich hatte gar keine Verbindung zu meinen Eltern. Mein Vermögen war mein Brotbeutel mit all meinen Utensilien, den ich natürlich immer bei mir trug, weil man ja nie wußte, was in den nächsten Stunden passieren würde. Er lud mich nach Hause ein: »Komm doch, du kannst bei mir wohnen. Mach' auch dein Abitur nach. Was willst du sonst machen, da läuft doch nichts anderes, zu essen gibt's auch was bei uns.« Das war sehr wichtig, also willigte ich

ein. Am nächsten Tag war die erste Stunde eine Lateinstunde. Latein ist Latein, das lief so. Die zweite war eine Geschichtsstunde! Geschichtsstunde, Frühjahr '47! Es kam ein kleiner, drahtiger Geschichtslehrer rein, marschierte drei-, viermal durch die Klasse und sagte: »Wo waren wir stehengeblieben? – Bei der Emser Depesche.« Er hatte das ganz auf den Geschichtsstoff bezogen, aber für mich hat dieser Satz ungeheuer viel ausgelöst.
Als ich mit fünfzehn die Schule verließ, da lief auch gerade die »Emser Depesche«. Aber ich war dabei nicht stehengeblieben. Da war ungeheuer viel passiert seither. Und dieser Satz: »Wo waren wir stehengeblieben? – Bei der Emser Depesche!« bekam, indem ich ihn hörte, eine ungeheure Dimension. Wir waren allesamt bei der Emser Depesche stehengeblieben und sind bis heute damit nicht fertig geworden. So kann ein ohne besondere Absicht gesprochener Satz eines drahtigen Geschichtslehrers, der seine ganze Existenz, auch seine pädagogische, immer jeweils an dem mißt, wo er »gerade stehengeblieben« ist und wo er dann anknüpfen möchte, zum auslösenden Moment für weitergehende Überlegungen werden – auch für das Freisetzen von Phantasie.

LENZ
Ich denke aber, daß es auch ohne diese konkrete Erfahrung möglich sein müßte, Phantasie als Denkerfahrung »ortlos« tätig sein zu lassen. In ähnlicher Weise, wie Kafka es gezeigt hat. Wir stimmen sicherlich darin überein, daß sein Werk biographisch ist. Dennoch gibt es exemplarische Situationen bei Kafka, die nur im Denken erfahren sein können. Also, eine übertragene, »versetzte« Situation.

Als Beispiel stelle ich mir vor: du gehst in Bremen in ein Restaurant, bestellst ein Bier. Alle Kellner tragen eine Schrotflinte. Dein Wunsch wird entgegengenommen, von einem Kellner zum anderen weitergereicht. Dann hörst du einen Knall, und statt eines Bieres bekommst du einen Hasen serviert. Du bist sicher nicht einverstanden damit. Trotzdem glaube ich, daß so etwas in übertragenem Sinne denkbar und möglich ist, als ein Symbol für eine Art von Fremdheit oder eine Art von Mißverständnis, das man in entsprechenden Lagen auf seine eigene Situation beziehen kann.

GRASS
Was du beschreibst, ist ja etwas, was wir alle oft in Träumen erleben: das ausgetauschte Personal, die ortlos gewordenen Gegenstände, die fremd anmuten. Die Möglichkeit, dem nachzuspüren, gibt die Traum-Analyse. Man wird sicher für das eine oder andere auch eine Erklärung finden – und sei es eine Symbolerklärung. Natürlich kann man die Offenbarung Johannis als etwas lesen, das reine Vorstellungskraft ist. Ich weiß aus eigener Berufserfahrung – dir wird es wahrscheinlich ähnlich gehen –, daß es bestimmte, für einen anderen ganz banale Vorgänge sind, die stimulierend wirken oder jedenfalls wirken können.
Ich habe zum Beispiel die »Blechtrommel« in einem sehr feuchten Raum geschrieben – im Souterrain; eigentlich war es schon ein Kellerraum. Es war zwar ein Ofen drin, aber mit dem wurden die oberen Räume geheizt. Eine Wand war besonders feucht. Die lief. Es war immer eine Bewegung drauf. Das war für mich eine dauernde Quelle der Inspiration. Gerade weil nichts in festen Kon-

turen festzustellen war und ständig Bewegung da war, sich immer etwas ereignete, hielt diese feuchte Wand auch meine Phantasie regelrecht »in Fluß«. Die konkrete Erfahrung war zuerst einmal nur die Wand. Und die weitere konkrete Erfahrung ist jetzt, daß etwas Konturenloses, etwas Vages besonders dazu geeignet sein kann, Dinge in Gang zu setzen, in Bewegung zu bringen, während sehr hart umrissene Gegenstände, schon ausgedeutete Sachen in sich steril sind und keinen Spielraum mehr erlauben. In dem Augenblick, in dem wir versuchen, diese Dinge auf unser Leben zu beziehen, auf unsere Gegenwart, und ihnen nicht die Ferne belassen oder die Realität der Phantasie, büßen sie alle ihre Möglichkeiten ein. Ich denke an die Leseerfahrung des »Grünen Heinrich«, der, solange er die Geschichten der Bibel als ferne, phantastische Realität annehmen mußte, durchaus einverstanden mit ihnen war; aber in dem Augenblick, als sein Religionslehrer ihn aufforderte, die Geschichten der Bibel als täglich erlebbare und belangbare Realität anzunehmen, weigerte er sich, das zu tun, weil es ihm einfach nicht gelingen konnte.

LENZ
Das läßt sich in viele Bereiche übertragen.

GRASS
Ja, natürlich.

LENZ
Die gesamte sexuelle pubertäre Phantasie zum Beispiel landet im Nichts, sobald die Wunschobjekte vorhanden und habhaft sind. Ich möchte jetzt aber einen anderen

Bereich in deinem schriftstellerischen Werk erwähnen. Eine sehr spürbare politische Energie ist in all deinen Büchern zu finden. Auch in frühen Büchern, mehr oder weniger verkappt, verborgen, übertragen oder reduziert auf das, was politische Energie auslöst und trägt, wie Nahrung beispielsweise oder, im Kellerschen Sinne, die Schuhsohle, Ziegel auf dem Dach als Metaphern. Das, was Leute trägt und treibt. Aber seit einiger Zeit, es ist nahezu datierbar, seit du dich in der Politik sehr parteiisch engagiert hast, tritt neben dem Vertrauen in die Fiktionalität ein gewisses Ungenügen – so kommt es mir vor – an der Realität. Und man sieht, daß in deinen Büchern beides zusammenstößt, eine ganz bestimmte, manchmal riskante Nähe einnimmt: Fiktion und Realität. Vertragen die sich miteinander? Oder zeigt sich hier nicht ein ganz bestimmter Verdacht, der sich gegenüber der Phantasie – vielleicht unbewußt – in gewissen Augenblicken zu erkennen gibt? Dieses enorme Vertrauen in die Einbildungskraft, die alles einholt, durchsichtig macht, die ausreicht, Umwelt zu reproduzieren, ihren Verlauf zu spiegeln, dieses enorme Vertrauen scheint mir plötzlich – ich sage »scheint« – aufgehoben. Ich will in gar keinem Fall von dem abstrusen Verdacht reden, daß von dem Augenblick an, in dem du dich mit Politik abgegeben hast, die Phantasie mehr oder weniger gelitten hätte. Das ist einfach absurd und deckt sich vollkommen mit dem albernen Vorurteil des Bürgertums, das im Schriftsteller, was weiß ich, die städtische Zimmerlinde sehen will, die die Liedertafel flankiert, oder dergleichen. Vielleicht, und wenn auch nur, um diesen Eindruck zu korrigieren: möchtest du auf diese doch sehr augenfällige Nähe von Fiktion und Realität in dei-

nen letzten Büchern eingehen? Nehmen wir beispielsweise den »Butt«. Das Ich, der Zeitweiler, geht vom un-
belangbarsten Ausflug – von der Steinzeit – plötzlich
nach Danzig, in einen hochaktuellen politischen, jederzeit überprüfbaren Sachverhalt. Diese riskante Nähe, die
ich übrigens für eine geglückte Nähe halte, sollte – glaube ich – kommentiert werden. Während das Phantastische ja nicht kommentiert zu werden braucht, weil es
sich selbst genug ist, sollte diese Nähe von Phantasie und
Realität doch etwas eingehender erläutert werden.

GRASS
Ich laß zunächst einmal diese Feuilletonsätze beiseite . . .

LENZ
Ja, ja, klar.

GRASS
. . . die dauernd darauf zielen: Politik tötet die Phantasie
oder Flucht aus der Politik – je nachdem, was man gerade macht, wird das Gegenteil erwartet. Und ein Teil der
Leute, die das schreiben, leben davon – es sei ihnen un-
benommen.
Es gibt, glaube ich, für diese »riskante Nähe«, wie du es
nennst, mehrere Gründe. Einen davon kann ich beweisen, anderes kann ich nur vermuten. Zuerst einmal den
Vorgang. Da gibt es bei mir so eine Art Kontertanz, eine
Annäherung und dann wieder eine Entfernung von der
gegenwärtigen Wirklichkeit. Das ist eine Notwendig-
keit, nach so viel Wegtauchen in Vergangenheit, mich
plötzlich der Realität zu stellen, z. B. einem Bundestags-
wahlkampf, einer vor der Tür lärmenden Realität. Da-

bei zu sein, Zeitgenosse zu sein, mitzusprechen, mich einzumischen und mich dabei zu beobachten, mich dabei zu sehen und gleichzeitig mich meinem Wirklichkeitsbegriff, diesem reduzierten Wirklichkeitsbegriff zu konfrontieren. Ich habe das zum ersten Mal im »Tagebuch einer Schnecke« gemacht. Das war zu Beginn der siebziger Jahre, und dieses Jahrzehnt hörte auf mit einem abermaligen Aufnehmen des Themas und dieser Möglichkeiten in »Kopfgeburten«. Die Reaktion der Öffentlichkeit darauf ist verständlich. Es ist einem Autor wie Fontane auch so gegangen mit seinem letzten Roman, mit dem »Stechlin«. Alle Kritiker, die ihn in seiner Erzählweise gelobt haben, die ihn als preußischen Konservativen gesehen haben, verdammten und verdonnerten ihn plötzlich, weil er es gewagt hatte, einen Stoff der Gegenwart, parallel zum Zeitgeschehen, zu schreiben. Zum ersten Mal tauchen Sozialdemokraten in einem Roman auf, auf dem Lande, und sie gewinnen auch noch die Wahl! Ein ungeheuerlicher Vorgang im 19. Jahrhundert; und dementsprechend dumm und reduziert war die Reaktion der Kritik. Daran muß man sich gewöhnen. Wahrscheinlich geht es gar nicht anders. Aber es kommt noch etwas dazu – vermute ich. Was wir in den letzten Jahrzehnten zunehmend im Ostblock beobachten konnten: das Versagen der Presse, das Versagen der Wissenschaft bestimmten strittigen Dingen gegenüber. Das Nicht-mehr-Vorhandensein von kontroverser Presse, das Nicht-mehr-Vorhandensein von Forschung, die kein Tabu kennt, die Übereinkünfte grundsätzlich in Frage stellt, hat viele Schriftsteller gerade im Ostblock dazu gebracht, mit ihrem Schreiben Ersatzdienste zu leisten, also Funktionen zu übernehmen, die normalerweise gar nicht von der Literatur wahrgenommen werden sollten. Das führt zwar zu einer Bereicherung in der Literatur, aber auch zu einer Gefährdung ihrer klassischen Formen. Und nun fängt das bei uns auch an.

LENZ
Haben wir denn so gesicherte klassische Formen? Sie sind doch nur solange sicher, bis sie durch etwas Neues über den Haufen geworfen werden, oder nicht?

GRASS
Nun gut. Aber gehen wir zurück zu den Ersatzleistungen der Literatur. Das fängt bei uns auch an. Es ist zunächst einmal eine Tatsache, daß die klassischen Mittel der Information: Presse, Rundfunk, Fernsehen mit der sich selbst auferlegten »Ausgewogenheit« nicht mehr in der Lage sind, ihre Aufgabe zu erfüllen. Sie haben sich selbst so beschnitten, ihre Zensurschere so sehr im Kopf, daß strittige Dinge nicht mehr wahrgenommen werden. Hier fängt also – wie im Ostblock – auch bei uns ein Prozeß an.

LENZ
Ein Resultat der »Ausgewogenheit«?

GRASS
Wenn du einen Mißstand auf der rechten Seite oder auf der linken Seite angreifst, kannst du ihn nur angreifen, wenn auf der anderen Seite auch ein vergleichbarer Mißstand vorliegt. Dann kannst und darfst du beide Mißstände darstellen. Wenn's ihn aber nur auf der einen Seite gibt, wird er ausgespart, weil die Ausgewogenheit

dann fehlt. Wir erleben es doch gerade zur Zeit, daß es in der Bundesrepublik und sicher auch in anderen westeuropäischen Ländern unmöglich ist – und im Osten ohnehin –, unsere große Übereinkunft in Rüstungsfragen grundsätzlich in Frage zu stellen. Also zu fragen: stimmt das überhaupt noch? Gibt uns die wechselseitige Möglichkeit der Abschreckung das Gleichgewicht der Kräfte? Gibt uns das wirklich Sicherheit? Ist die Sicherheit überhaupt noch herzustellen? Sind unsere Zählmechanismen, was die Raketen, Panzerstärken, panzerbrechenden Waffen betrifft, überhaupt noch ein funktionierendes System, auf das Verlaß ist? Es gibt Gründe genug, es anzuzweifeln. Wir haben es Anfang 1980 erlebt, wie diese Großmächte als Garanten des Friedens wie unter Schock gehandelt haben. Fahrlässige Handlungsweisen brachten uns bis an die Schwelle eines Dritten Weltkrieges. Und diese Gefahr ist nach wie vor sehr ernst zu nehmen.

Wenn nun aber jemand eine Debatte beginnt und grundsätzliche Fragen stellt wie: zerstören wir mit einem solchen Vernichtungspotential, das alle Möglichkeiten menschlicher Existenz, menschlichen Fleißes auffrißt, durch Rüstung und Überrüstung und abermals Rüstung nicht unsere Überlebenschancen? Ist das nicht selbstmörderisch, was wir betreiben? Entmündigen wir uns nicht, berauben wir uns nicht durch diesen Verschleiß an Kräften, zum Beispiel den Staaten der Dritten Welt gegenüber, aller anderen Hilfsmittel? Sollten wir nicht zu anderen Sicherheitskonzepten kommen, unsere Phantasie auch in diesem Bereich freisetzen, laut darüber nachdenken?

Sobald das jemand versucht, wird er sofort von einer

mehr und mehr in diesem Konsens gleichgeschalteten Presse als jemand beschimpft, der den Neutralismus anstrebt, der das Geschäft Moskaus besorgt, der ein realitätsferner Spinner, Phantast und Pazifist ist. Für einen Schriftsteller ist dies ein langer Umweg. Aber wer macht das denn noch, wenn der Journalist, der Publizist, der eigentlich dazu verpflichtet wäre, Politik immer wieder neu, auch gerade dort, wo es so wunderbare Einverständnisse gibt, grundsätzlich in Frage zu stellen? Wenn Journalisten es nicht mehr tun, nicht mehr tun dürfen, fällt dem Schriftsteller eine weitere Aufgabe zu. Und so gibt es auf eine ungute Art und Weise eine immer größere Angleichung zwischen Ost und West in diesem Bereich. Wenn ein tschechischer Kollege von uns, der Vaclav Havel, der seit Jahren im Gefängnis sitzt (und dessen literarische Anfänge wir kennen: phantastische Theaterstücke, eine Prosa, die nicht unbedingt journalistische Mittel benutzte, ganz ästhetisch, ganz artistisch), nun auf einmal nach der Okkupation der Tschechoslowakei, nach der abermaligen Gleichschaltung der Presse, mit anderen zusammen eine Untergrundpresse errichtet, Tagesjournalismus leistet, leisten muß, weil kein anderer es tut, so ist das ein deutliches Beispiel für meine Behauptung. Und ähnliches haben wir bei uns. Den Wallraff, den gibt es nicht etwa, weil das dem Wallraff besonders Spaß macht, so zu arbeiten. Wir brauchen diesen Wallraff, weil niemand mehr in der Lage ist, den täglichen Verfassungsbruch, den wir am Kiosk erleben, diese Methoden der Springer-Presse beim Namen zu nennen. Es ist die alte Märchenkonstellation: der Kaiser ist nackt, er zeigt ihn uns. Der Konsens verdeckt die Tatsache, daß der Kaiser nackt ist, bei allem Geplapper von Rechts-

staat in Frieden und Freiheit. Tagtäglich wird unser
Grundgesetz, unsere Verfassung nicht nur in Frage gestellt, sondern gebrochen, weil das, was das Grundgesetz
gebietet – nämlich Meinungsfreiheit und Meinungsviel-
falt –, in weiten Bereichen der Bundesrepublik seit Jahren nicht mehr gegeben ist. Wer kämpft dagegen? Einzelne Leute, Schriftsteller, deren Beruf es eigentlich
nicht ist, solche Dinge aufzugreifen. Da aber der Journalismus versagt, wird hier Notdienst geleistet. Aber un-
vermittelt kommt bei dieser Arbeit etwas hinzu, was im
Journalismus nicht unmittelbar zu finden ist: Phantasie.
Zu dem, was der Schriftsteller dann lernen muß: journa-
listisches Handwerk, genaues Recherchieren – und das
macht Wallraff –, kommt die Qualität aus den schriftstellerischen Berufserfahrungen hinzu: die Phantasie.
Das ist dann natürlich ein verwandelter Journalismus,
mit dem wir es am Ende zu tun haben.

Lenz
Das war eine Antwort über einen langen Umweg auf
meine Frage, ob Fiktion und Realität in solcher Nähe
nebeneinander bestehen können. Ich fragte, ob nicht
eine Gefahr für den Roman darin liegt? Aber vielleicht
hält er viel mehr aus, als wir im Augenblick vermuten.
Eines Tages werden bestimmt Schriftsteller auftreten,
die uns noch ganz andere Dinge beibringen. Ich frage
weiter: ist nicht für den Anteil Realität zu fürchten, daß
er im unmittelbaren Schatten der Fiktion als Legende erscheinen könnte oder bereits die Tendenz zur Legende
in sich hat? Behält die Realität ihre Dringlichkeit, mit
der sie appellhaft eingebracht wird? Verstehst du, was
ich meine?

GRASS
Nicht ganz, nein, nicht ganz.

LENZ
Ich komme wieder auf den »Butt« zurück. Zeitweiler –
überall sein zu können, heißt auch, nirgendwo sein zu
können. Diese enorme Omnipotenz, die das Ich in der
Fiktion besitzt, kann das Ich in der Realität nicht behalten. Und der phantasievolle Zeitweiler, auf Danzig ver-
wiesen, auf die Erfahrungen im Dezember 1970 fixiert,
muß sich selbstverständlich anders äußern, muß anderes
zurückbringen, muß andere Belege liefern, als der, der
an der Brust von Aua hängt.

GRASS
Wir haben dieses gängige Wort: jemand wird von seiner
Vergangenheit eingeholt. Hier ist es umgekehrt. Hier
wird der Zeitflüchter, der Zeitaufheber jeweils von der
Gegenwart eingeholt, die nagelt ihn fest. Auf einmal befindet er sich im Dezember 1970 vor dem Werfttor in
Gdansk, und nicht auf einem kaschubischen Schlachtfeld, wo Swatopolk gerade Fortinbras schlägt und eine
neue Hamlet-Version möglich ist. Beide sind ja der Jan,
der dann im Dezember '70 erschossen wird, und der
Icherzähler. Sie lieben es, sich in verschiedenen Jahrhunderten zu sehen und wiederzuerleben.
Gut, das ist eine Inhaltserläuterung zum »Butt«, sozusagen. Aber nun das andere – ich bin nicht ganz sicher, ob
es stimmt: wir hatten doch, bei aller Skepsis, immer
soviel Zukunft vor uns, daß man sich sagen konnte, Literatur hat keine unmittelbare Wirkung, keine direkte
Wirkung. Aber, das läßt sich nachweisen, sie hat eine

phasenverschobene Wirkung. Manchmal ein Jahrhundert, ja, zwei Jahrhunderte später. Etwas, was durch Zensur nicht zu verhindern oder nur eine Zeitlang zu verhindern ist. Haben wir heute diese Zukunft noch? Da fängt meine Skepsis an. Ich glaube, wir sehen uns katastrophalen Entwicklungen gegenüber – oder wir leben sogar schon in einer Katastrophe, vor der nicht mehr zu warnen ist. Das Schlimme daran ist, daß das Tatsachen sind, die wir alle kennen, die wir seit Jahren kennen. Wir wissen, daß heute viereinhalb Milliarden Menschen auf der Welt leben, und daß es in zwanzig Jahren annähernd sieben Milliarden sein werden. Aber trotz all unseres gewaltigen Wissens, trotz all dieser technischen Möglichkeiten, was Transport, Information undsoweiter angeht, sind wir nicht in der Lage, diese Menschen zu ernähren. Wir kennen die deprimierenden Fakten. Die Zahlen sind bekannt. Willy Brandt hat sie in seinen Nord-Süd-Berichten noch einmal – noch einmal! – uns allen zur Kenntnis gebracht. Niemand kann später sagen: das haben wir nicht gewußt. Guter Wille vorausgesetzt, Einsicht in die Katastrophe vorausgesetzt, wären doch Mittel notwendig, um dieser Not zu begegnen, um die Verhältnisse so zu verändern, daß menschliche Existenz auch weiterhin möglich, also Zukunft möglich ist. Genau zu diesem Zeitpunkt geschieht das Schreckliche, daß unqualifizierte Leute durch abgedroschene Wahlvorgänge, wie zum Beispiel in den Vereinigten Staaten, zum Präsidenten werden. Ein Mann wird Präsident, der sich durch nichts dafür qualifiziert hat, in dieser Welt, in dieser Katastrophensituation eine so weitgehende Verantwortung zu tragen. Das gleiche in Moskau. Kein Mensch weiß, wer nach Breschnew kommt. Welche

Qualifikation wird diesen Mann in die Lage versetzen, Verantwortung von dieser Größenordnung zu tragen? Die fast unabwendbare Folge ist, daß in einer solchen Situation aus Prestigegründen, aus nationalen, nationalistischen Gründen, aus Einfallslosigkeit auf alte Konzepte zurückgegriffen wird: Rüstung. Auf radikale Art und Weise wird in Amerika das Konzept »Gleichgewicht des Schreckens« sogar in Frage gestellt, indem man sagt: wir müssen stärker sein. Wir müssen stärker sein! Jetzt schon werden die Mittel . . .

LENZ
Wer stärker sein will, möchte diktieren.

GRASS
. . . jetzt schon werden die Mittel verbraucht, um der Katastrophe zu begegnen, wenn es zum Wettrüsten kommt. Und wir sind schon in der Marschrichtung, die ersten Schritte sind schon getan. Zum abermaligen Wettrüsten wird auch noch Zusätzliches verbraucht werden. Ich komme zum Anfang meines langen Satzes zurück: damit ist Zukunft etwas, was nicht mehr zu haben ist. Und die Reaktion der Literatur darauf ist zu erkennen. Das, worauf wir uns immer noch verlassen konnten, selbst in Zeiten schlimmster Zensur und Unterdrükkung, dieses: »Ihr könnt uns nicht mundtot machen, diese Bücher überleben euch, die werden eines Tages ihre Wirkung zeigen« – das gilt, glaube ich, nicht mehr, das ist sehr in Frage gestellt, weil die Zeit nicht mehr da ist.

LENZ
Das ist natürlich gleichzeitig ein Hinweis, wo der Ort

der Literatur sein kann. Ich glaube nicht, daß du im Sinne hast, angesichts dieser begründeten Schreckensvision die Literatur selbst an die Macht zu wünschen – beziehungsweise die Phantasie.

GRASS

Nein, nicht an die Macht. Aber sie hat immer ihr Eigengewicht bewahren können. Die anderen Mächte, die ideologischen Mächte, ob es die Kirche war, ob es der Absolutismus war, ob es . . .

LENZ

Aber welche Möglichkeiten hat denn der Schriftsteller? Er hat ja keine Machtmittel. Was das Element Vernunft und das Element Aufklärung angesichts einer hochgerüsteten Welt zu tun vermag, die nur noch ihren Trägheitsgesetzen folgt, ihren mechanischen Trägheitsgesetzen, das können wir uns ausrechnen.

GRASS

Ja, natürlich. Und deshalb ist alles noch reduzierter. Auch die Möglichkeit, zu sagen, na gut, jetzt habt ihr die Macht, in meiner Gegenwart, in unserer Gegenwart die kritischen Stimmen zu verhindern, aber diese Bücher werden euch überholen, sie werden eines Tages da sein und auch wahrgenommen werden. Diese Möglichkeit ist nicht nur reduziert, sondern sie ist grundsätzlich in Frage gestellt. Das stellt die Literatur als ein Veränderungen gegenüber sensibelstes Instrument grundsätzlich in Frage. Damit wird sie nicht überflüssig, aber sie muß sich – glaube ich – darauf einstellen.

LENZ
Daß sie allenfalls einen Alibiwert darstellt?

GRASS
Ja, denn sie kann sich nicht mehr darauf verlassen, ihre Korrektur zu gegebener Zeit doch noch zu leisten, weil die Zeit nicht mehr da ist.

LENZ
Du weißt selbstverständlich, daß du damit eine Skepsis wiederholst, sogar ein Mißtrauen, das nicht nur Politiker dem Schriftsteller gegenüber immer gezeigt haben. Der Schriftsteller, der mit seinen Möglichkeiten zu wirken versucht, zieht sich in entscheidenden Augenblicken zurück oder beruft sich gar auf die Möglichkeit, sich zurückziehen zu können. Seine Art der Teilnahme und des Einspruchs ist doch sehr zweischneidig. Du selbst hast in einem Buch dieses Verhältnis von Schriftsteller und Politik – wie ich glaube – eindeutig gemacht. Auch mit Hilfe eines Phantasiesprunges, im »Treffen von Telgte«. Was ist die Lehre aus dieser Phantasiearbeit für dich gewesen? Ist das nicht Resignation, die am Schluß steht?

GRASS
Es ist ein Thema, das ich zum ersten Mal im »Butt«, in einem Streitgespräch zwischen Martin Opitz und Andreas Gryphius aufgreife. Auch das politische Engagement im Fall des Martin Opitz und der Angriff des jüngeren Gryphius auf ihn, diese Tonlage setze ich in »Treffen in Telgte« fort, und in den »Kopfgeburten« nehme ich das Thema noch einmal auf. Es ist zuerst einmal eine Erfahrung, auch eine Erfahrung mit der Tradition deut-

scher Literatur. Ist es nicht merkwürdig, daß diese viel-bescholtenen Autoren – deutschen Autoren –, was die Geschichte, auch die politische Geschichte beweist, in einem Land, dessen Tendenz immer separatistisch gewe-sen ist (und die Landesfürsten waren ja stets die größten Separatisten), daß ausgerechnet diese Schriftsteller im-mer die besseren Patrioten gewesen sind? Daß sie es ge-wesen sind, die zum Beispiel auch im 19. Jahrhundert – nicht alle, aber doch viele...

LENZ

... das Junge Deutschland ...

GRASS

... davor gewarnt haben, die Einheit Deutschlands, den Begriff der Nation aus der Politik, aus der Machtpolitik zu beziehen? Diese Warnungen liefen natürlich gegen die Art der Politik und die Art der Politiker. Bismarck hat seine drei Kriege geführt und damit eine politische Einheit erzwungen, die nicht lange gehalten hat. Das Ganze wurde auf schreckliche Weise dann noch einmal in diesem Jahrhundert wiederholt, unter Hitler, mit Ein-willigung des Volkes und mit noch schlimmerem Ergeb-nis, wie wir wissen. Mit den Ergebnissen dieser falschen Politik, dieses falschen Verständnisses unserer Möglich-keit, dennoch eine Nation zu bilden, sind wir heute kon-frontiert, nach wie vor. Das Land ist geteilt, Provinzen sind für immer verloren, und wir stehen blöde da; reich und blöde, und sind nicht in der Lage, uns als Deutsche zu erklären, geschweige denn unseren Nachbarn einen Begriff von dem zu geben, was wir immer noch am Sonntag »Nation« nennen. Was ist das für eine Nation?

Wie will sie sich in Zukunft definieren, ohne anderen Angst zu machen und dennoch einen Begriff von sich zu gewinnen, der den Deutschen und ihrer Geschichte angemessen ist?

In »Telgte« weise ich auf diesen ohnmächtigen und am Ende trotzigen Versuch der Autoren hin, selbst in der Zeit des Dreißigjährigen Krieges aus ihrer Spracherfahrung, von diesem zerfetzten deutschen Sprachkörper zur Zeit des Dreißigjährigen Krieges einen Nationbegriff, zwar stammelnd oft und fragmentarisch, aber immerhin zu formulieren. Du sprachst von Resignation. Natürlich kann man resignieren nach all diesen Erfahrungen. Was wir erlebt haben im 19. Jahrhundert, diese Ignoranz den Warnungen der Schriftsteller gegenüber; und auch die heutigen Erfahrungen ermuntern nicht gerade zu Hoffnungen. Die beiden deutschen Staaten – sie mögen noch so viel subventionieren, den Kulturbetrieb hier aufrechterhalten, dort ängstlich mit ihren Zensurmaßnahmen unter Kontrolle zu halten versuchen – sind im Grunde kulturbetriebsame Barbareien. Zwei deutsche Staaten, die in erster Linie materialistisch ausgerichtet sind, dort vulgär marxistisch und hier vulgär kapitalistisch. Es ist eine gesamtdeutsche Annäherung auf dem untersten Niveau, die tagtäglich stattfindet. Und so ist abermals das, was sich merkwürdigerweise im Teilungsprozeß noch am widerstandsfähigsten erwiesen hat, nämlich die Kultur, als gemeinsames Angebot schon wieder nicht wahrzunehmen. Die politisch Verantwortlichen nehmen es allesamt einfach nicht wahr. Sie reden drum herum, sie klammern es aus, sie mißverstehen es bewußt, sie machen schon wieder eine politische Machtfrage daraus, und so wird dieser ganze Bereich verschenkt. Wir wissen nicht, wie lange sich die gemeinsame Kultur unter diesen Umständen noch wird halten können. Eines Tages wird auch sie dem Teilungsprozeß unterworfen sein. Dann haben wir nichts mehr in der Hand. Auch davor haben Schriftsteller, auch in der Weimarer Republik, immer rechtzeitig gewarnt. Wenn wir jetzt aus Feigheit, weil wir mit unserem politischen Begriff der Nation so viel schlechte Erfahrungen gemacht haben, dieses Thema aussparen und so tun, als seien wir Weltbürger oder Europäer oder was auch immer, dann entsteht ein Vakuum, ein nationales Vakuum. Das ist fast schon da. Und das ist immer ein Spielraum für Demagogen gewesen und, wie die deutsche Geschichte beweist, in der Regel für rechte Demagogen.

LENZ
Überhaupt für den Nationalismus.

GRASS
Sie werden diesen Begriff auffüllen, und was dann passiert, das wissen wir, das haben wir alles schon und das hat die Welt schon mehrmals erfahren. Darauf wollte ich hinweisen mit diesen Büchern. Auch zuerst einmal mich selbst darauf hinweisen. Denn Schreiben, das weißt du aus eigener Erfahrung, ist ja während des Vorganges keine Hinwendung zum Publikum: lieber Leser, das will ich dir jetzt auf den Tisch legen. Das ist zuerst einmal etwas, was mich selbst beunruhigt, worüber ich mir selbst Klarheit verschaffen will. Sicher, mitgetragen von der Hoffnung, daß das, was für mich während eines doch ziemlich langen Arbeitsvorganges interessant geblieben ist, vielleicht auch für den Leser interessant sein kann.

96

LENZ

Aber, sag mir, wie konnte es geschehen, daß du schließlich nur diese alte, resignierte Einsicht bestätigt findest?
Gut. Also Grimmelshausen stellt fest: der Wahn, der
trügt. Alle Vorstellung reicht nicht aus, um die Wirklichkeit zu decken. Sie ist anders, und wenn nicht, müssen wir sie dahin bringen. Sein Leitmotiv, das immer
durchgeht: der Wahn trügt. Die Schriftsteller treffen
sich, sie kommen zu dieser Einsicht, sie beschließen etwas. Und es bleibt bei dem Beschluß. Charakterisiert das
nicht die Schriftsteller in einer Weise, die man ihnen fast
anlasten muß? Die sie zumindest nicht freispricht von
ihrer Aufgabe?

GRASS

Nun, sie nehmen sie ja immer wieder wahr.

LENZ

Sie nehmen sie mit nach Hause an den Schreibtisch.

GRASS

Ich finde es ja schon nahezu rührend heroisch, daß trotz
der Erkenntnisse: »So blieb ungesagt, was doch nicht gehört worden wäre« – so heißt es in »Telgte« –, das
Manifest, das sie mühsam aufsetzen, am Ende verbrennt
und sie trotz all dieser negativen Erkenntnisse eigentlich
nie aufgeben. Sie unternehmen immer wieder Anläufe
und berichten mit den Mitteln ihrer Wirklichkeitserfah-
rung. Mit ihren Sensorien warnen sie, weisen auf gefähr-
liche Entwicklungen hin, die in der Regel auch eintref-
fen, wenn auch in den Akzenten verschoben.

LENZ
Aber das kann doch keine Genugtuung sein.

GRASS
Nein, eine Genugtuung ist es nicht. Aber ich beobachte
es doch bei mir: ich werde weitermachen. Trotz der hi-
storisch gewachsenen Einsicht, daß Politiker ja nur eine
»Zuhör-Geste« machen, in Wirklichkeit aber gar nicht
zuhören. Was dann übrigbleibt, ist allerdings – ich
nannte es vorhin schon – ist Trotz. Es soll gesagt sein,
es soll zumindest die Ausrede nicht da sein, niemand hätte etwas gesagt.

LENZ
Auch das ist ein Motor.

GRASS
Es kann viel bewegen, vor allem, wenn man so auf die
Geste des Trotzes reduziert ist.

LENZ
Dennoch denke ich an eine Leseerfahrung, die mich zu
ganz anderen Schlußfolgerungen kommen läßt, nämlich
an die Leseerfahrung mit dem »Tagebuch einer Schnekke«, in dem gezeigt wird, daß eine aus Fiktion und Realität zusammengesetzte Welt durchaus als Einheit begrif-
fen werden kann. Als eine Einheit, in der Phantasie eine
Wirkung ohnegleichen ausübt oder zeigt: die Wirkung,
in einer exemplarischen Situation für nichts weniger als
für das Überleben zu sorgen. Durch das Erzählen von
Geschichten teilzuhaben an einer Welt, von der man
ausgeschlossen ist, sich in Beziehung zu setzen zu eige-

ner Vergangenheit. Vielleicht schaudert's dich jetzt. Du hast dich ja ein bißchen abgegrenzt, abgrenzend geäußert; aber: glaubst du nicht, daß, solange es Phantasie gibt, auch die Möglichkeit einer – langfristig gesehen – wünschenswerten Korrektur besteht? Eines wünschenwerten Gegenentwurfes? Solange die Schnecke sich bewegt, mit dieser, zugegeben, unerhörten und uns alle wahrscheinlich ungeduldig machenden Geschwindigkeit?

GRASS
Hier liegt ja das Dilemma. Ich habe dieses Buch vor zehn Jahren geschrieben. In einer Zeit, in der eine junge Generation – Mao verstehend und mißverstehend – den großen Sprung machen wollte, springende Schnecken züchten wollte, die Revolution verbal vor sich hertrug, sie herbeireden wollte. Und ich habe mein Gegengift gespritzt und habe gesagt, wenn – wenn überhaupt –, dann ist es die Schnecke, die den Fortschritt bebildert: so langsam geht es, so beharrlich geht es. Das war und ist auch heute noch weitgehend meine Überzeugung. Und doch ist dieser Verlust an Zukunft – die Gründe habe ich vorhin genannt –, der sich ja auch bei der jungen Generation sehr deutlich abzeichnet, selbst wenn er sich ganz diffus äußert, von großem Gewicht. Das ist nicht nur spielerisch und kokettierend gemeint, wenn junge Menschen sagen, sie sehen keine Zukunft mehr. In der Tat hat Zukunft heute wenig Zukunft, wie wahrscheinlich noch nie in der Geschichte der Menschheit.

LENZ
Diese Befürchtung hat ja leider Gründe.

99

Das kann man begründen, und ich habe einige Gründe genannt. Ich fürchte, daß die »Schnecke« für unsere Verhaltensweise, so wie wir uns benehmen, so statisch, so phantasielos, so festgelegt auf die jeweils ideologische Position, zu schnell ist. Es könnte das Allerschlimmste geschehen, sagen wir mal, im Kernenergiebereich, dann werden die einen einen Tag später ihre ideologische Position weiter verteidigen, und die FAZ wird dasselbe schreiben, wie sie es vor der Katastrophe getan hat. Es gibt keine Bewegung. Das ist eine Erkenntnis, die ich nach zehn Jahren gewonnen habe, und nicht ohne Grund beziehe ich mich oft ironisch, manchmal auch zynisch in meinem letzten Buch »Kopfgeburten« auf einen Kollegen von uns, auf Camus. Ich bin zurückgeworfen auf eine Position, die ich, wahrscheinlich wie auch du, am Ende der vierziger Jahren einnahm, als in Frankreich der Streit zwischen Sartre und Camus uns alle bewegt hat. Damals habe ich Partei für die Camus'sche Position ergriffen. Das hat mich sehr geprägt. Es ist eine anti-idealistische Position, die Sartre sehr bestritten hat, und die mich dazu gebracht hat, bis in die Gegenwart hinein die Position von Sartre zu bestreiten. Diese Camus'sche Position ist mir wieder aktuell geworden. Sisyphus ist wieder aktuell. Ich erkenne mich am Fuße des Berges, der Stein ist da, ich wälze ihn, ich nehme die Strafe der Götter nicht nur an, ich höhne weiter den Göttern. Ich sage: bitte schön, der Stein gehört zu mir – im Camus'schen Sinn. Ich weiß, daß er oben nicht liegenbleibt. Und deshalb akzeptiere ich in der Tat die Formulierung von Camus: wir dürfen uns Sisyphus als einen glücklichen Menschen vorstellen. Ich habe den Stein angenommen.

LENZ
Das stimmt so nicht. Camus definiert Sisyphus als glücklichen Menschen nur für den Augenblick, da er eine zunächst unerwartete, dann immer sehnlicher herbeige-
wünschte Freiheit erfährt: nämlich die Freiheit, dem auf
der anderen Seite herabrollenden Stein nachgehen zu
können. Nur in diesem Augenblick ist er frei.

GRASS
Aber die Gewißheit, daß der Stein da ist . . .

LENZ
Nein, nur in diesem eben geschilderten Augenblick ist er
frei. Sonst, die Wange an den Stein geschmiegt, keu-
chend, erschöpft, pressend, stemmend, ist er zutiefst unglücklich und gerade noch in der Lage, die Kraft aufzu-
wenden, den Stein nach oben zu bringen.

GRASS
Sicher richtig. Aber, diese wenigen Momente der Distanz zum Stein, wenn der Stein ihm vorausgeeilt ist, zeigen ja doch auch an, daß er genau weiß: der Stein wartet
auf ihn, auf den kann er sich verlassen, der wird wieder
da sein. Er ist zum Stein verdonnert. Der Stein wird
oben nicht liegenbleiben.

LENZ
Hier kommt ein Schicksalsbegriff hinein: auf wen wartet der Stein?

GRASS
Es ist aus der Erkenntnis heraus geschrieben, gedacht

worden, daß wir den Stein bewegen müssen, obgleich wir wissen, daß er oben nicht liegenbleibt. Das ist die Leugnung eines Endzieles. Es ist die Absage an jedes geschlossene ideologische System, das uns einen Zustand anpreist und Menschen in eine Richtung bringen will. Sie glauben machen will, wir erreichen etwas, einen Zustand, wo der Stein oben liegenbleibt, wo endlich diese ersehnte Position erreicht ist. Das habe ich schon im »Schneckentagebuch« mit anderen Argumenten geleugnet: Schnecken kommen nie an. Wenn man will, ist das eine härtere und, wie ich meine, auch genauere Sicht auf unsere menschliche Existenz. In den »Kopfgeburten« gibt es ja eine Fülle von ohnmächtigen, von Träumen bewußt gesetzten Ausbrüchen. Zum Beispiel den Diktatorträumen des Lehrers Harm auf der Insel Bali; was er, wenn er die Macht hätte, alles verändern würde. Ich erwähne das nur, um einen seiner großen Reformvorschläge, den ich ganz und gar unterstütze, zu zitieren. Wenn er Diktator wäre, würde er die Abschaffung des Beamtenrechts in Deutschland betreiben. Welch eine Wohltat! Die Befreiung dieser armen, entmündigten Menschen, die, kaum sind sie Beamte geworden, bis an ihr Lebensende so sichergestellt sind, daß ihnen nichts mehr einfällt. Das Beamtenrecht, das wir uns haben einfallen lassen, ist etwas, das unsere Phantasie abtötet. Jemand, dessen Existenz im materiellen Sinn so absolut vom Risiko befreit worden ist, dem kann nichts mehr einfallen, der kann nur noch die Einfallslosigkeit als Institution verwalten. Davon ist unsere Gesellschaft weitgehend geprägt, und das in einer Zeit, in der wir eigentlich kaum noch Zukunft haben, unsere Phantasie anstrengen, freisetzen müßten, alles noch einmal in Frage stellen müßten, um vielleicht doch noch eine Antwort zu bekommen.

Haben wir richtig gehandelt nach '45? Sicher, es gab den Druck der Sieger, die Abhängigkeit, und es gibt sie heute noch vom einen wie vom anderen Blocksystem. Aber müssen wir nicht heute, sechsunddreißig Jahre nach Kriegsende, gerade weil auf Deutschland soviel Verantwortung zukommt – übrigens auf beide deutschen Staaten –, diese Fragen nach Rüstung, nach Krieg, nach Friedenspolitik viel grundsätzlicher stellen, als es in anderen Ländern der Fall ist? Ist das nicht eine Ausrede, daß die Franzosen ihre Waffengeschäfte ja doch überall machen? Gut, sie machen sie. Aber ich spreche auch den Franzosen die moralische Legitimation ab, das zu tun. Sie haben ihr etwas geschminktes Verhältnis zur eigenen Geschichte und erlauben sich diesen Wahnsinn. Wir dürfen da nicht gleichziehen. Wenn wir das tun und wegen moralischer Kaschierung dieses Vabanquespielen mit verbaler Akrobatik Spannungsgebiete als Nichtspannungsgebiete deklarieren, geben wir uns selbst auf. Ich finde, so aberwitzig und so gefährlich die Diskussion um die Waffenexporte ist, sie sollte uns Gelegenheit bieten, noch einmal alles gründlich zu überdenken, was nach '45 zu dieser und jener Entscheidung geführt hat. Wir sollten uns fragen: ist das noch zu revidieren? Wenn wir die Revision unserer Verhältnisse aufgeben, wenn wir nur noch statisch sind, dann gibt es keine Schnecke mehr, dann gibt es keine Veränderung mehr, dann wird nicht einmal dieser Stein bewegt, der ohnehin nicht oben liegenbleibt. Davor will ich warnen. Allerdings mit den Erfahrungen, die in zehn Jahren mitzuschleppen waren, von der »Schnekke« bis zu den »Kopfgeburten«.

LENZ
Und um das zu übernehmen und das zu tun, glaube ich,
können wir uns nur eine Phantasie wünschen, die
furchtlos genug ist, diese Fragen zu stellen und diese Fragen, wenn es sein muß, auch fortwährend zu wiederho-
len.

GRASS
Und sie in all den Bereichen, die uns fragwürdig geworden sind, einzusetzen. Zum Beispiel die Definition des
Begriffes Arbeit. Wir tun so, als müsse Arbeit immer so
aussehn, wie wir es bis zur Erschöpfung, bis zur menschlichen Reduzierung im 19. und 20. Jahrhundert getan haben. Unser Verständnis von Arbeit ist ja ein relativ junger Begriff. Wäre es nicht möglich, da wir ja sehen, daß
die technische Entwicklung den »Genuß«, Arbeit leisten
zu können, immer mehr reduziert, zu einem neuen Begriff und Verständnis zu kommen? Auch zu einem neu-
en sozialen Verhalten diesem Begriff gegenüber? Das
setzt allerdings voraus, daß wir die Neudefinition nicht
Beamten überlassen, denen die Phantasie schon abge-
storben ist. Hier müssen Leute die Phantasie ins Spiel
bringen, die das Risiko bewußt eingehen, und die sich als
freiberuflich empfinden.

*Das Gespräch wurde am 29. Januar 1981 im Fernsehstudio
von Radio Bremen aufgezeichnet.*

Walter Kempowski

LENZ

Ich glaube, Herr Kempowski, es ist keine unwichtige
Frage, wie Literatur entstanden ist – aus welchen Be-
dürfnissen, aus welchem mehr oder weniger dringendem
Wunsch. Zu dieser Frage gibt es sehr verschiedene Theo-
rien. Was den Norden angeht, also unsere Breiten, so
glaubt man, daß das Erzählen von Geschichten in einer
bestimmten Lage der Wehrlosigkeit, der Notwehr aufge-
kommen ist. Wenn der Jäger, der Fallensteller oder der
Fischer ein Gefangener des Wetters war, wenn Sturm,
Eis, Nebel und Kälte ihn daran hinderten, der Beute
nachzustellen, dann begann er, die Beute im Wort zu beschwören, das Verlorene noch einmal in der Erinnerung
zu beleben, um die Gegenwart, oder sagen wir: die
Wehrlosigkeit in der Gegenwart erträglich zu machen.
Literatur als Beschwörungszauber sozusagen.
An Ihr Werk denkend, Herr Kempowski, hatte ich den
Eindruck, oder habe immer noch den Eindruck, daß bei
dieser enormen Erinnerungsleistung der inspirierende
Wunsch war, etwas vor dem Vergessenwerden zu bewahren, einen Verlust aufzuhalten.

KEMPOWSKI

Ja, es ist so, als ob man Bilder erlösen will. Es ist ein
Bannen des Bildes in das Wort. Erinnerungsbilder also,
die im Gehirn aufgezeichnet sind, sollen verschwinden,
ich will, daß sie sich auflösen. Irgendein Vorgang, den
man, als man ihn erlebte, vielleicht gar nicht wahrgenommen hat, irgendein Schatten, der vom Gehirn ge-

speichert wurde und plötzlich in verrücktesten Situationen sich aufdrängt. Und man weiß nicht, warum. Ich hatte vor einiger Zeit beim Klavierspielen ein Bild vor mir – ständig sah ich, wenn ich mich nur ans Klavier setzte, eine Straße in Warnemünde, ein Friseurgeschäft mit einem Messingteller, der sich im Winde bewegte. Keine Ahnung, warum. Es hat mich direkt gestört. Ich sagte zu meiner Frau: immer, wenn ich Klavier spiele, kommt der pendelnde Friseurteller. Was soll das?

LENZ
Aber hängt das nicht vielleicht damit zusammen – übrigens eine alte Proust'sche Überzeugung –, daß es praktisch keine Erinnerung gibt ohne unwillkürliche Empfindungen? Proust beschreibt es sehr schön an einem Buch, das er zur Hand nimmt; er hat es schon einmal gelesen, und in dem Augenblick, in dem er es wieder zur Hand nimmt, fällt ihm ein, wann und bei welcher Gelegenheit er das Buch zum ersten Mal gelesen hat – und nicht nur dies: er erinnert sich, daß er einen ganz bestimmten Kaffee dabei getrunken, einen ganz bestimmten Geruch wahrgenommen hat. Er beschreibt sogar den Kaffee aus der Erinnerung. Mit anderen Worten: sind Erinnerungsbilder nicht fast automatisch mit Empfindungen gepaart?

KEMPOWSKI
Und mit Signalen. Erinnerungsbilder haben etwas Symbolisches an sich. Jedes Bild, das nach Erlösung ruft, um bei meiner Terminologie zu bleiben, enthält ein Signal für uns. Und das muß aufgedeckt werden, sonst, möchte ich beinahe sagen, ist das für uns schädlich. Die Symbo-

le, die Bilder sollen uns ja etwas sagen. Vergangenheit will uns Orientierungshilfe geben, sie will uns weiterhelfen. Auf der anderen Seite will sie uns warnen, will sagen: damals passierte etwas, erinnerst du dich? Ich glaube, viele Menschen nehmen diese Signale nicht wahr und sehen nicht, was hinter den Bildern ist.

LENZ
Man sagt, das legitime Feld der Phantasie, auf das sie sich zunächst einmal richtet, sei die Zukunft. Ihre Phantasie – zumindest so, wie sie sich in den bisher vorliegenden Büchern zeigt – ist rückwärts gewandt, was freilich nichts über die Qualität der Phantasie aussagt. Wenn ich nun daran denke, in welcher Weise Günter Grass etwa die Weichsel beschreibt, sie breiter und breiter werden läßt, bis sie plötzlich unmeßbar wird, unbestimmbar, dann will er doch sagen, daß unsere erinnernde Phantasie etwas verändert. Und wenn ich jetzt vergleiche, wie Sie versuchen, Rostock noch einmal einzuholen, es zu bannen, es unvergänglich zu machen, dann ergibt sich ein ganz wesentlicher Unterschied für mich, für Ihren Leser. Ich habe zuweilen das Gefühl, daß Sie der Phantasie nicht die letzte Zeugenschaft zutrauen, der freien, der ungebundenen Phantasie, und daß Sie statt dessen – herrlich detailsüchtig – sehr viel auf das Dokument setzen, auf die Zeugenaussage, die Postkarte, auf den Stich. Mit anderen Worten: während die Weichsel bei Grass immer breiter werden kann, können die Stadtmauern von Rostock um gar keinen Preis noch ein neues Türmchen, das Sie nicht gezählt hätten, dazubekommen. Ist dieser Eindruck richtig?

KEMPOWSKI

Vielleicht doch, na ja, das kann man nicht wissen. Die Phantasie stellt da einiges an. – Ich möchte aber doch noch einmal zum Anfang zurück, ich komme gleich auf das, was Sie sagten. Wenn man sich in die Vergangenheit begibt mit Hilfe der Erinnerung, um Sachverhalte oder Geschichten zu retten, dann ist es praktisch so, als ob die Vergangenheit herumgeschwenkt wird in eine andere Richtung, will sagen, daß Bilder der Vergangenheit einen Weg in die Zukunft weisen. Der Weg der Entdeckung von Vergangenheit ist immer ein Weg ins Futurum. Und wenn ich mich heute an Rostock erinnere, dann wird diese Stadt ein neues Jerusalem – wie man sich biblisch ausdrücken könnte. Diese Stadt ist gar nicht Rostock. Natürlich zähle ich die Türmchen, von denen es leider nicht mehr sehr viele gibt, und messe die Stadtmauer mit einem Rohr aus. Aber es ist eine ganz andere Stadt, sie deckt sich nicht mit der Wirklichkeit.

LENZ

Charakteristischerweise haben Sie ein einziges Mal – nämlich in »Uns geht's ja noch gold« – erklärt: es ist alles frei erfunden.

KEMPOWSKI

Ja.

LENZ

Was natürlich einem Widerruf gleichkommt, oder nicht?

KEMPOWSKI

Ja, in etwa. Das hatte erst einmal juristische Gründe, damit ich nicht vor den Kadi zitiert werde. Irgendjemand könnte denken, er wird erwähnt, und gegen diese Erwähnung protestiert er. Aber vor allem glaubte ich dem Leser sagen zu müssen: die Stadt, die zwar Rostock heißt, und die Straße, die Augustenstraße heißt, ist eine Stadt und eine Straße meiner Phantasie. So, wie die Straßen hier existieren, haben sie nie existiert. So gibt es sie nur auf dem Papier. Ich habe also die Stadt – um noch einmal meinen ersten Ausdruck zu gebrauchen – erlöst. Ich habe mein Bild von der Stadt in Worte umgeformt.

LENZ

Auf diese Weise ist das alte Rostock vollkommen gegenwärtig geworden.

KEMPOWSKI

Ja, aber auch labyrinthisch. Ich weiß nicht, wie es dem Leser geht, aber ich glaube, je mehr er davon hören wird, desto labyrinthischer wird ihm die Stadt erscheinen. Es kommen häufig bekanntere Schauplätze vor, aber ich bezweifle, ob er sich am Ende zurechtfinden wird. Neulich begegnete ich einer Rostockerin, die glaubte aus »Tadellöser & Wolff« entnehmen zu können, sie hätte den gleichen Schulweg gehabt wie ich. Ich fragte: »Wo wohnten Sie denn?« Da nannte sie eine ganz andere Ecke von Rostock. Sie wollte die Stadt finden, die *sie* kennt, *ihren* Schulweg. Und ich hätte noch ganz andere Häuser beschreiben können, sie hätte das auch akzeptiert.

LENZ
Also gibt's viele Rostocks, so wie es viele Wege gibt.

KEMPOWSKI
Viele Rostocks, ja, das ist es!

LENZ
Wie ist Ihr Arbeitsprozeß, Herr Kempowski, wenn Sie versuchen, genau auszumachen, was ein Glas Wein beispielsweise in der Inflationszeit kostete, was man für eine Rasur dort oder dort bezahlen mußte, was im Jahre 1908 eine Hausangestellte verdiente? Wie erforschen Sie diese Einzelheiten?

KEMPOWSKI
Darf ich, bevor ich darauf antworte, nochmal auf die Anmerkung zurückkommen, die Sie vorhin machten? Sie meinten, für mich sei das dokumentarische Detail wichtiger als die frei schwebende Phantasie. Ich glaube, bei mir ist es so, daß ich immer mißtrauisch bin, ich denke: wenn schon die Bilder, die sich mir zeigen, so enorm wichtig sind für das, was ich sagen möchte, dann könnten doch auch noch Bilder vorhanden sein, die ich jetzt nicht sehe. Ich muß sie also hervorrufen: wo sind sie? Und dann warte ich auf andere Bilder, die sich ebenfalls einstellen. Also, wenn man nun recherchiert, dann geschieht das natürlich *auch* deshalb, um festzustellen: wieviel kostete eine Rasur im Jahre 1905? Das ist zunächst einmal ganz interessant. Hinter diesem Tatbestand, den man, indem man ihn simpel feststellt, beschreibbar macht, taucht dann ja aber plötzlich der Friseur auf, das ist es doch . . . Und wenn ich weiß, wieviel eine Hausan-

gestellte 1908 verdiente, wenn ich das nun endlich herausgekriegt habe, dann sehe ich sie vor mir. Vorher habe ich sie nicht gesehen.

LENZ
Also, die Phantasie wird nicht eingegrenzt durch diese spezielle Information?

KEMPOWSKI
Im Gegenteil. Sie wird angeregt. Nein, nicht nur das. Sie erwacht dadurch.

LENZ
Aber in dem Augenblick, in dem Sie eine Figur so präparieren, daß sie mit allen Bedingungen der Zeit übereinstimmt, wird sie doch eingeengt, wird sie begrenzt, zurückgenommen auf das, was die Zeit in jeder Hinsicht zuläßt.

KEMPOWSKI
Das ist wie ein Fadenkreuz, wenn man mit einem Fernrohr eine Landschaft betrachtet. Vorher sieht man vielleicht überhaupt nichts, da sieht man horizontale Striche oder dergleichen. Nun richtet man das Fernrohr mit dem Fadenkreuz auf eine bestimmte Stelle und stellt scharf ein. Dann ist da nicht nur eine Tanne zu sehen, sondern es ist auf einmal das zu sehen, was ich dazudenke; denn ich rieche die Tanne, obwohl sie drei Kilometer weit weg ist. Ich rieche sie, ich höre sie. Automatisch liefert das Unbewußte oder – wir wollen das lieber nicht so hochtrabend nennen – liefert meine Erfahrung, die sinnliche Erfahrung, eine Unmenge von Informationen

hinzu, und je mehr ich recherchiere, desto mehr rege ich diesen ganzen Erinnerungs- und Erfahrungs-Apparat an. Es ist natürlich – darauf spielten Sie ja auch an – eine gewisse Ängstlichkeit dabei: Angst nämlich, eine Vergangenheit, vergangene Wirklichkeit nicht genau genug zu reproduzieren, das heißt, sich zu versündigen an der Objektivität, nicht wahr, oder was meinten Sie?

LENZ
Nein, ich dachte eigentlich an Cervantes, der einmal bekannt hat, daß ihm Tatsachen wie Feinde der Wahrheit vorkommen. Und daß eine Begrenzung auf die Tatsachen, auf das Detail unter Umständen das verlorengehen lassen könnte, was wir in übergreifendem Sinne Wahrheit nennen.

KEMPOWSKI
Ja, ich kann das nachvollziehen, aber das wäre, wenn ich mich mit ihm in einem Atemzug nennen dürfte . . .

LENZ
Ja, ja, wir vergleichen ja und stimmen ab.

KEMPOWSKI
Nun, ich glaube, man darf nicht sagen, er hat sich geirrt, das würde uns nicht zustehen. Aber ich glaube nicht, daß man mittels der Phantasie etwas einfangen kann, was man nicht irgendwann einmal gesehen hat. Man bildet sich oft ein, auch bei der sogenannten phantastischen Literatur – vielleicht Poe oder Hoffmann –, daß das Phantastische ganz freischwebend ist. Man kommt nicht auf die Idee, daß der, der es geschrieben hat, es eben

doch *gesehen* haben könnte. Ich glaube wohl, daß sich auch das Phantastische aus vielen Elementen zusammensetzt, die sich dann mischen und einem eine neue Wirklichkeit vorgaukeln.

LENZ
Wahrscheinlich ist es so, daß diese Abwertung des Phantastischen im Mittelalter eine Folge der Reiseliteratur war, wo man schließlich erklärte: alles nur Phantasie, unbelangbar . . .

KEMPOWSKI
Bei Cervantes würde das etwa bedeuten, daß er sicher irgendwann einmal Windmühlen gesehen hat.

LENZ
Zweifellos, ja.

KEMPOWSKI
Und der Sancho Pansa – ich weiß nicht, wie er sich ausspricht –, der wird irgendwo in seiner Nachbarschaft existiert haben. Vielleicht war er sogar Eseltreiber oder Pferdepfleger.

LENZ
Günter Grass sagte in einem der vorangegangenen Gespräche, daß für ihn die Frage nach dem Phantastischen keine sonderliche Bedeutung habe, da er in der Realität soviel Phantastisches finde und beides kaum voneinander zu trennen sei.

KEMPOWSKI
Vielleicht könnte man sogar sagen, daß das Phantasti-

sche eine Art »Unterabteilung« der Phantasie ist, also ein nachgeordneter Begriff; denn unter Phantasie kann sich ganz Konkretes versammeln, nicht nur das Phantastische, was uns besonders beeindruckt. Wenn man von Visionen liest, die uns selbst nicht eingefallen wären, dann imponiert uns das; wir denken, dem Mann, dem fällt noch was ein. Und im Grunde ist das doch nur eine andere Art der Zusammensetzung von verschiedenen Bildern.

LENZ
Hilft Ihnen die Phantasie die Welt besser zu verstehen oder die Welt zumindest auszulegen in einem Sinne, daß sie Ihnen bekannter vorkommt?

KEMPOWSKI
Bekannt auf zweierlei Weise oder in zwei Dimensionen. Ich hatte vorgestern einen sonderbaren Traum. Keine Angst, es geht ganz schnell, ich weiß, lange Träume zu erzählen, führt zu nichts, sie sind auch zu beliebig; aber dieser Traum ist ganz wichtig für mich, und wir kommen sofort wieder zum Thema. Ich sehe also einen Bauern, der ein Pferd hinter sein Fuhrwerk gespannt hatte, und zwar verkehrtrum. Er hatte also zwei Pferde an seinem Wagen, eins, das vorwärts lief, und eins, das rückwärts laufen mußte. Beide waren in dasselbe Joch gespannt. Der Bauer fuhr ziemlich schnell mit seinem Fuhrwerk, und das eine Pferd lief vorwärts, und das andere Pferd mußte in derselben Geschwindigkeit rückwärts laufen. Da habe ich mir lange überlegt, was bedeutet der Traum? Und da kommen wir zu dem, was Sie sagen: der Traum will mir ein Signal geben für meine mo-

mentanen Probleme, für Aufgaben, die ich im Augenblick zu lösen habe. Das heißt konkret: was machst du eigentlich, in welche Richtung willst du fahren? Du mußt dich jetzt entscheiden, für dieses Pferd oder für jenes, oder du mußt sie umdrehen, irgend etwas mußt du machen.

LENZ
Der Traum also als Kommentar zu einer realen Situation?

KEMPOWSKI
Ja, genau das ist es. Selbstverständlich ist auch das ein Kommentar, was wir in wachem Zustand wahrnehmen. Zum Beispiel: Sie gehen jetzt durch Hamburg – vielleicht ist das ein Allgemeinplatz, aber man kann ja ruhig auch mal Allgemeinplätze erwähnen in diesem Zusammenhang...

LENZ
Sie sind manchmal sehr beweiskräftig.

KEMPOWSKI
Eben. Also nehmen wir unser Beispiel: Sie gehen durch Hamburg. Wenn da ein Verkehrsunfall passiert, den werden wir bemerken, auch ohne daß unser Unbewußtes uns anstößt und sagt: Sieh mal da! Aber an diesem Tag sollte sich nichts Besonderes ereignen. Und doch wird uns an diesem Tag ein Messergeschäft auffallen und an einem anderen Tag ein Hutgeschäft.

LENZ

Lieber Herr Kempowski, niemand entrinnt der Legende, Sie auch nicht, Ihre Arbeitspraxis ebensowenig. Man sagt Ihnen nach, daß Sie einen legendären Zettelkasten haben, aus dem Sie Ihre Arbeit speisen. Der in jedem Fall ausreicht, um viele Dinge, die Ihnen am Herzen liegen, zu legitimieren. Wozu dient dieser Zettelkasten? Was enthält er? Denn er ist ja unbedingt ein Requisit der Phantasie oder der Antiphantasie, wie Sie wollen. Möchten Sie darüber etwas sagen?

KEMPOWSKI

Ja. Dieser Zettelkasten hat mehr die Funktion einer Schiene mit zahllosen Schwellen. Er wird manchmal überschätzt, so ein Zettelkasten. Es gibt ja auch andere Zettelkastenfanatiker, Arno Schmidt zum Beispiel; und ich glaube sicher, wenn ich das so in einem Satz zusammenfassen darf: er hat ihn auch als eine Art Schiene benutzt, um sicher zu gehen, im eigentlichen Sinne des Wortes: er ermöglichte ihm, souverän mit seinem Text umzugehen. Ich habe schon immer Zettel beschrieben, meistens im Postkartenformat, damit ich sie in die Brieftasche tun und mit mir herumtragen kann. Andererseits natürlich auch, um ein einheitliches Format für den Karteikasten zu haben. Jeder Zettel hält einen besonderen Eindruck fest, ein Bild oder eine Erinnerung. Diese Zettelsammlung habe ich oft bei Bahnfahrten vermehrt, und ehe ich mich's versah, wuchs mir unter der Hand ein ganzes Zettel-Imperium heran. Man könnte lange darüber sprechen, wie man mit diesen Zetteln arbeitet; ich will's kurz machen. Es sind ja wahrscheinlich ...

LENZ

Nein, nein, Herr Kempowski, ich glaube, wir sollten das nicht kurz machen. Das ist eine zentrale Stelle, auch für mich; denn ich habe – verzeihen Sie, wenn ich für einen Augenblick unterbreche – ich habe bei der Lektüre Ihrer Bücher festgestellt, und zwar mit Staunen festgestellt, daß mir viele dieser Zitate, Slogans, Parolen, die Sie einbrachten – wie soll ich sagen –, mein eigenes Leben in ganz bestimmter Weise bewiesen haben, so daß ich mich fragte: woher kennt der meine Jugend, woher kennt der meine Art, auf bestimmte Herausforderungen zu antworten, ganz bestimmte Bedürfnisse zu zeigen und bestimmte politische Situationen zu kommentieren. Das haben Sie fertiggebracht. Sie haben mir eine zusammengesetzte Welt gezeigt, die durchaus meine Welt ist, zum Beispiel in »Tadellöser & Wolff«. Natürlich auch, weil wir einer Generation angehören. Sie haben einfach durch die Aufrufung dieser Slogans, dieser Zitate mir etwas gezeigt, was ich für undenkbar hielt: nämlich, daß meine Phantasie – sofort alarmiert – die Zwischenräume ausfüllte und unter Ihrer Anleitung einen Text meiner Vergangenheit zurückholte.

KEMPOWSKI

Merkwürdigerweise wird vom Leser das alles zurückgegeben, das heißt, sie fordern jetzt immer größere Genauigkeit von mir. Wenn man einmal damit angefangen hat, dann sind die Leser unersättlich. Wenn ich jetzt den kleinsten Fehler machen würde, dann würden sie das Buch wütend wegwerfen und behaupten: es stimmt *alles* nicht. Es gibt bestimmt Leser, die sind ganz froh, mir Fehler nachweisen zu können. Ich bin an sich . . .

LENZ

Und weil daran alles hängt, an der faktischen Genauigkeit, denn das ist ja Ihr großer Beweis: alles muß stimmen.

KEMPOWSKI

Eben, das ist so das Netz, aber das eigentlich Wichtige
ist es gar nicht. Um noch einmal auf die Zettel zurückzukommen: ich habe sie nicht gezählt, aber es sind
wahrscheinlich 150 000. Es ist fast unglaublich, aber es
kommt zusammen. Wenn der Mensch irgendwo eifrig
ist, dann bringt er es bekanntlich zu etwas. Diese Zettel
sind inzwischen in ein großes System gebracht, sie sind
nach Motiven geordnet, Vorhaben und so weiter. Das
alles täuscht aber denjenigen, der sie sammelt, nicht
darüber hinweg, daß er die eigentliche Arbeit erst noch
tun muß. Im Gegenteil, die Zettel haben etwas Ver-
pflichtendes. Wenn ich vorhin von der Erlösung der
Bilder sprach, so könnte ich jetzt auch von der Erlösung dieser Zettel sprechen. Die warten mit ver-
schränkten Armen und fragen: wann kommst du nun
endlich und rufst mich auf?
Die Zettel liegen also da, und man könnte denken: das
ist ja eine feine Sache. Er wird jetzt die Zettel ordnen,
er wird sie ausformulieren, wird kleine Sätze daraus
machen, und irgendwann wird dann aus den Zetteln
ein Manuskript entstehen. Es ist klar: so geht es nicht.
Das würde der Leser sehr rasch merken. So etwas würde wahrscheinlich wirken wie aneinandergekoppelte Ei-
senbahnwagen verschiedener Bahnlinien oder unter-
schiedlicher Spurweiten, die gar nicht zueinander passen.

LENZ
Natürlich, sie müssen in ein System eingebracht werden.

KEMPOWSKI
Selbst das System wäre nur eine sehr äußerliche Ordnung. Es muß zu meiner Person passen, muß sich meinem Unbewußten anschmiegen. Und deshalb mache ich
es gewöhnlich so, daß ich zwar lange an diesen Zettelkä-
sten arbeite; dann aber, wenn es ans Schreiben geht, ent-
lasse ich sie. Das heißt, ich lasse die Zettel im Kasten,
mache ihn zu und fange an zu schreiben. Frei von dem
Zwang, etwa die Zettel aufrufen zu müssen, schreibe ich
nur das nieder, an was ich mich erinnere. Also einmal an
das, was die Notiz provozierte, und zum anderen an die
konkret vorhandenen Zettel. Und dann passiert das, was
mich jedesmal wieder in Erstaunen setzt, nämlich, daß
jede Einzelheit sich auch – wie ich eben schon sagte –
an die Welt des eigenen Unbewußten anpaßt und von
ihr aufgenommen wird. Sie geht sozusagen durch das
Unbewußte hindurch, oder sie geht mit ihm in Korre-
spondenz. Wenn das nicht geschähe, ich glaube, dann
würde eine ganz zerrissene Prosa entstehen.
Ein anderer Weg wäre, daß man nur die Zettel veröffentlicht, das ginge auch.

LENZ
Natürlich wäre das möglich. Sie hätten aber nur eine
willkürliche Beweiskraft und besagten nichts. Gerade,
wenn sie eingebunden sind in eine Erzählung, oder aber
gebunden an eine Person, dann kommt ihnen außerordentliche Bedeutung zu.

KEMPOWSKI

Die Konstellation ist wichtig. Auch das wird unterschätzt. Man sagt, der Kempowski hat ja keine Phantasie, er schreibt nur das auf, was er sieht, und dann fügt er
das irgendwie zusammen. Dabei wird vergessen, daß die
Struktur ja eine große Rolle spielt. Das ist ein Mode-
wort, das weiß ich, aber man kommt wohl nicht drum
herum. Die Struktur muß gefunden werden – und das
ist auch eine Sache der Phantasie – die Konstellation:
wann ich eine Person auftreten lasse, *wie, mit wem*, und
was ich in diesem Augenblick von den gespeicherten
Dingen »erlöse«, also abrufe, das eben ist das Entscheidende. Wenn es das Richtige ist, wird es wohl auch gute
Prosa.

LENZ

Es geht ja manchmal bei Ihnen so weit, daß Sie dem Zettel mehr vertrauen als einer spontanen Wahrnehmung.
Ich denke an ganz bestimmte Eindrücke während der
Lektüre von »Aus großer Zeit«, wo Sie eine einzelne Na-
turbeobachtung in Klammern setzen, wie »Ein Eichelhäher strich krächzend ab«. Das gab mir zu denken.

KEMPOWSKI

Bleiben wir mal bei diesem Eichelhäher; das ist sehr gut,
daß Sie ihn erwähnen. In »Tadellöser & Wolff« kommt
in einer dort beschriebenen Schulstunde die Stelle vor,
wo der Lehrer sagt: alle Tiere haben auch plattdeutsche
Namen. Und wie ist es mit dem Eichelhäher? Wie,
meinst du, heißt der Eichelhäher auf plattdeutsch, doch
wohl nicht Eickelhäcker? Das kann natürlich nur ein
Norddeutscher sagen, und den Witz der Sache kann viel-

leicht auch nur ein Norddeutscher verstehen. Ich erwähne diese Geschichte etwas ausführlich, weil der Eichelhäher in fast allen meinen Büchern vorkommt. Ich will damit hinweisen auf die Mannigfaltigkeit der Sprache: in
jeder Sprache der Welt hat dieser Vogel einen anderen
Namen. Ich will hinweisen auf die wahnsinnig machende Mannigfaltigkeit aller Ausdrucksmöglichkeiten. Der
Eichelhäher und sein plattdeutscher Name ist ein Beispiel dafür. In »Uns geht's ja noch gold« wird nachgeforscht, ob der Eichelhäher einen russischen Namen hat
– Sie kennen sicher die Stelle. Und auch in diesem Buch
wähle ich einen Eichelhäher und nicht etwa eine Elster,
weil ich wollte, daß der Leser sich irgendwann an dieses
Eichelhäher-Motiv erinnert, was den Nebeneffekt hätte,
daß er damit an Sicherheit gewinnt, daß er sich auskennt
in meiner Prosa, ja, daß er eine Einladung empfängt, mir
in die Romane hinein zu folgen. Dieses Motiv als eine
Art von Garantie für den Leser, daß er sich in den Romanen zurechtfindet, Leitfäden oder Stricke, an denen
er sich entlangtasten kann.
Es gibt noch eine Variante zu den Eichelhähern in meinem letzten Buch »Schöne Aussicht«: da kommt ein
Tiergartenbesuch vor, den die Familie K. unternimmt;
Mutter und Vater stellen fest, daß alle Tiere einen anderen Namen haben, französische oder bayerische oder
meinetwegen plattdeutsche. Darüber wundern die sich
dann in ihrer bürgerlichen Art, das kommt denen ganz
komisch vor. Sie ziehen aber überhaupt keine Konsequenzen daraus, das heißt, anstatt der Mannigfaltigkeit
nun nachzugehen und ein Toleranzangebot daraus abzuleiten, tun die Bürger das Gegenteil: sie grenzen sich ab,
und zwar aus Angst vor dieser Mannigfaltigkeit – so

glaube ich. Es geht so weit, daß an dieser berühmten Stelle – berühmt ist sie nicht, aber schön – der Vater, als sein Sohn Robert ihn fragt, wie das Schaf auf lateinisch heißt, »Ovis robertus« sagt, also dem Schaf den Beinamen seines ältesten Sohnes gibt. – Das alles ist ein Angebot an den Leser. Er hat die Möglichkeit, mit Hilfe seiner Phantasie andere Bilder aufzublättern; Bilder, die hinter denen aufstehen, die ich ihm anbiete.

LENZ
Vor allem, die seinem eigenen Erfahrungshaushalt entsprechen.

KEMPOWSKI
Ja, vielleicht ist der Leser selbst zufällig »ältester Sohn« – oder gerade nicht: er ist vielleicht der jüngste Sohn. Oder er hatte einen Vater, der ihn sehr geliebt hat – oder gerade nicht. Der Text entbindet die verschiedensten Varianten, die ich nicht steuern kann und will.

LENZ
Ich sagte vorhin, daß unsere Phantasie in bestimmten oder auf bestimmte Situationen der Wehrlosigkeit antwortet. Was ich in Ihren Büchern gefunden habe, zumindest in einigen Ihrer Bücher, kann als ein Beispiel dafür gelten. Sie selbst, Herr Kempowski, haben Erfahrungen machen müssen, die den Wahnsinn dieser Zeit spiegeln. Sie wurden zu Zwangsarbeit verurteilt, Sie haben acht Jahre im Gefängnis beziehungsweise im Lager zugebracht, und Sie haben in Ihren Büchern exemplarisch gezeigt, wie die Phantasie des Gefangenen auf seine reduzierte Lage antwortet, wie sie sich Reservate schafft, wie

sie ihm schließlich auch hilft, diese Situation zu überstehen. Sie haben das an einzelnen Gefangenen gezeigt, wie sie sich wehrten, auflehnten. Wie ist es bei Ihnen gewesen? Was war das für eine Zeit?

KEMPOWSKI
Schwierig, jetzt so en bloc darauf zu antworten, doch . . .

LENZ
Ihre Phantasie, zum Beispiel.

KEMPOWSKI
Man muß zunächst einmal trennen, die Einzelhaft etwa, die sich sehr unterscheidet von der . . .

LENZ
Entschuldigen Sie, wenn ich Sie unterbreche. Wenn ich mich präzisieren darf, lieber Herr Kempowski – zunächst einmal, wenn man dieses Urteil erfährt: fünfundzwanzig Jahre! – antwortet die Phantasie eines Menschen doch sofort darauf. Auf diesen unerhörten Raum, der vor einem liegt und auf diesen Entzug der Außenwelt; denn fünfundzwanzig Jahre bedeuten ja, abgetrennt zu sein von der Welt, herausgenommen zu sein. Das ist ein Urteil, auf das die Phantasie sofort reagieren muß und Bezug herstellen muß zu den eigenen Erwartungen, zu eigenen Hoffnungen, eigenen Wünschen. Können Sie sich zufällig noch daran erinnern, wie Ihre Phantasie auf diesen Urteilsspruch reagierte?

KEMPOWSKI
Also, ich weiß jedenfalls, wie mein Bruder reagierte. Mein Bruder sagte: »Weißt du, Walter, da kommen wir sicher in ein Lager, und da lernen wir einen Beruf. Ich werde Tischler . . .«

LENZ
Also die Fortsetzung der Existenz.

KEMPOWSKI
Sofort!

LENZ
Mit anderen Möglichkeiten hat er zunächst nicht gerechnet?

KEMPOWSKI
Er hat überhaupt nicht daran gedacht, daß man in so einem Lager vielleicht sterben könnte oder Arbeiten verrichten müßte, an die man nicht gewöhnt ist. Er hat gleich geplant. Tischler, das schien ihm angenehm, und für mich würde sich dann auch noch was finden, hat er gemeint. Ja, und meine Reaktion? Ich habe eher entgegengesetzt reagiert; und zwar, glaube ich, um den lieben Gott zu versöhnen, habe ich mir vorgestellt, ich müßte in einem Bergwerk, tief unten, mit letzter Kraft, an Händen und Füßen gefesselt, Loren schieben, und zwar über Geröll.

LENZ
Das war Ihre spontane Vorstellung?

KEMPOWSKI

Ja. Ich müßte auf fauligem Stroh liegen, stellte ich mir vor, und wimmernd um Wasser flehen. Das waren die ersten Reaktionen meiner Phantasie.

LENZ

Sie erlebten also Erfahrungsbilder wieder, die Sie schon besaßen?

KEMPOWSKI

Ja. Es ist übrigens ganz originell: ich kann Ihnen sogar sagen, woher diese Bilder kamen. Es gab mal den Film »Friedrich Schiller« – so ein Ufa-Schinken war das –, und in diesem Film kam der Dichter Schubart vor, der in der Feste Hohenasperg saß und auch auf solchem Stroh lag und mit den Ketten klirrte. Diese Filmbilder habe ich sofort reproduziert, und ich glaube heute zu wissen, warum: weil ich zu Gott sagen wollte: ich bin ja bereit, alles zu tun und alles zu erdulden, wenn Du's mir nur ein bißchen besser machst in dieser Situation, besser, als ich es mir jetzt in meiner Phantasie vorstelle, dann bin ich schon ganz zufrieden. Und das ist ja auch prompt eingetroffen. Mich so zu verhalten, hielt ich für klüger, als umgekehrt mir etwas Schönes vorzustellen. Als Skeptiker stelle ich mir auch heute noch eher etwas Schlimmeres vor, das mir passieren könnte, um dann nicht enttäuscht zu werden. – Später dann, als ich in Einzelhaft saß und ganz auf mich zurückgeworfen war, gab es doch Momente der absoluten Verweigerung, die bis zum Suizidversuch gingen. Auf der anderen Seite war dieser Teil der Haft aber auch eine Erfahrung von Zeit, die schmerzhaft war. Das heißt, plötzlich viel Zeit zu haben, nicht zu wissen, was man damit anfangen soll. Das wirkt bedrückend, ja geradezu wahnsinnig machend. Man geht dann einfach dazu über, in der Zelle hin und her zu laufen, in der Hoffnung, daß man mit der Bewältigung von Raum gleichzeitig die Zeit bewältigt, was in der Tat zutrifft. Und gleichzeitig stellt sich die Suche nach Überlebensmöglichkeiten ein.

LENZ

Was mich dabei besonders interessiert, Herr Kempowski: der Gefangene, der sich definiert, sagen wir, im klassischen Sinne durch die Abwesenheit von Freiheit, versucht sich Reservate der Freiheit in der Vorstellung zu schaffen, um seine Existenz erträglich zu machen, nicht wahr? Wann setzte das bei Ihnen ein?

KEMPOWSKI

In der Einzelhaft. Nur gab es auch da zwei Möglichkeiten. Die eine, die war ganz äußerlich, zum Beispiel, daß man sich die Fingernägel mit einer Glasscherbe abschabte und diese Beschäftigung möglichst lange hinauszog. Das ist kein Reservat der Freiheit, aber eine Ablenkung von den widerwärtigen Gedanken an die nicht fortschreitende Zeit. Eine andere, sehr hoch entwickelte Möglichkeit war die Flucht in die eigene Phantasie. Aber jetzt im Sinne von freiem seelischem Raum: daß ich mir also die Technik einübte, Augen und Ohren gleichzeitig mit einem Griff zuzuhalten und mir dann einen Vorhang vorstellte. Dann sagte ich: jetzt Vorhang auf – und dann habe ich dem zugeschaut, was sich auf dieser Bühne abspielte. Einmal sah ich ein weißgekleidetes Paar einen Walzer tanzen vor einer braunen Fläche, und ich hörte auch die Musik dazu. Das hat mir damals sehr geholfen, weil ich im Karzer war und nicht wußte, wie lange ich da drin sitzen mußte. Das war eine Technik, die natürlich nicht jedem gegeben war. Und ich bin sehr glücklich gewesen, daß ich sie im rechten Moment entdeckte.

LENZ
Das waren passive Reaktionen. Aber es gibt ja auch aktive Antworten.

KEMPOWSKI
Wenn ich das noch hinzufügen darf: diese Vorstellungsbilder erschöpfen sich bald. Es ist nicht so, daß man das ewig machen kann. Das ist ja auch bekannt, glaube ich.
Aber jetzt etwas anderes, ganz Konkretes, das einem auch half, die Zeit auszufüllen. Zum Beispiel versuchte man, die Zellenwand zu entschlüsseln, die Signale der Vorgänger. Da hatte einer Kalender gemacht – nicht nur einen, sondern sechs. Warum eigentlich, einer genügt ja, aber er wollte es genauer wissen.

LENZ
Er lebte vielleicht in sechs Wirklichkeiten oder in sechs Hoffnungen.

KEMPOWSKI
Ja, möglich, ich weiß es nicht. Die Kalender hatten verschiedene Formen, merkwürdigerweise. Vielleicht waren das auch Beschwörungsformeln, in dem Sinne, wie Sie das zu Anfang unseres Gesprächs erwähnten. Ja, und dann, daß man Bilder an den Zellenwänden entdeckte,

eingekratzt, und auch Sprüche: einer hat »leben und leben lassen« eingeritzt. Eine Frage, die sich für uns überhaupt nicht stellte. Wir hofften, daß wir am Leben blieben, jemanden leben zu lassen, war uns nicht gegeben. Und dann war eines Tages der Posten an der Tür, und ich wurde augenblicklich herausgeholt. Als ich wieder zurückkam, war der Kalk an der Wand mitsamt den Inschriften mit einem Schaber abgekratzt. Danach wurde die Wand wieder geweißt, und ich habe mich dort natürlich auch verewigt. Schließlich ist noch die Entdeckung zu erwähnen, daß man auf dem Schüsselboden, wenn man ihn mit Kalk einstrich, schreiben konnte. Das war eine weitere Möglichkeit, die schon mehr Variationen zuließ. Ich habe meist Rätsel gemacht, habe aber auch Sprachstudien getrieben, alle Verben gesucht, die mit *Sehen* zusammenhängen. Dann habe ich jedes Verb einzeln definiert. Ich habe überlegt, wann man *sehen* sagen muß, wann *schauen, beobachten* oder *linsen, spähen,* und was es da so alles gibt. Dann habe ich auch Eigenschaftswörter untersucht, manchmal kleine Gedichte gemacht, beim Auf- und Abmarschieren mir Vortragsthemen selbst gestellt. Ich erinnere mich, daß ich einmal einen Vortrag ausgearbeitet und auch gehalten habe – übrigens immer flüsternd, weil ich Angst vor meiner eigenen Stimme hatte; ich habe nie laut gesprochen in der Einzelhaft. Ich habe also einen Vortrag gehalten über das Thema »Effekthascherei«. Das hat mich sehr interessiert. Und dann habe ich mir vorgestellt, ich müßte irgendjemandem mein Leben erzählen. Das war bis dahin reichlich kurz, ich war ja gerade erst achtzehn oder neunzehn. Das habe ich erst auf deutsch getan, dann auf englisch und auch auf plattdeutsch. Plattdeutsch war die dritte

Sprache, die mir zur Verfügung stand. Das war auch ganz interessant. Und auf einmal wurde ich rausgeholt aus der Einzelzelle – wie ein Fisch aus dem Aquarium –, und ich wurde mit anderen Menschen zusammengelegt. Da war diese schlimme Zeit vorüber, ohne daß ich das herannahende Ende gespürt hätte.

Wenn man dann zu viert zusammen ist, ergeben sich ganz andere Möglichkeiten. Alles vervierfacht sich. Aber das ist leider auch keine Lösung des Zeitproblems auf Dauer. Nach einer gewissen Zeit, nach vier Wochen etwa, dreht sich das Gespräch im Kreise. Man muß sich wundern, wie wenig die Menschen an »geistigem Gepäck« mitbringen. Das hat mich immer schockiert. Es reicht oft nicht über drei Wochen hinaus. Die Platte drehte sich schon bald. Aber da gab es natürlich auch Künstler, die diese Zeit systematisch einteilten und uns zu aktiver Bewältigung aufriefen. Das habe ich sehr dankbar empfunden. Zum Beispiel war da ein Offizier, ein junger Offizier, ein sehr tapferer Mann offensichtlich, der die Energie hatte, unseren Tag richtig einzuteilen und diese Einteilung in der Art eines Stundenplans auch durchzusetzen. Der Tag begann mit Frühsport. Ich neige nicht so zu Frühsport, mache das gar nicht gern. Aber wir haben alle mitgemacht. Dann haben wir Erdkunde getrieben und Geschichte, und nachmittags wurde erzählt. Darin war ich ganz groß. Ich konnte gut unheimliche Sachen erzählen. Ich habe mir nichts vorgenommen, sondern einfach drauflos erzählt. Und immer auf die Bilder der Vorstellung geachtet, immer geguckt, was siehst du jetzt, und das Gesehene einfach nur beschrieben. Das hat die Leute fasziniert. In meinen Geschichten ereignete sich eigentlich gar nichts. Die haben mir trotzdem atemlos gelauscht. Und das habe ich dann später als Lehrer bei den Kindern manchmal auch gemacht, mit genau demselben Effekt.

LENZ
Das war natürlich eine Möglichkeit oder ein Angebot in Richtung auf Selbstversetzung. Man vergaß den Zustand, entfloh ihm mit Hilfe der Phantasie.

KEMPOWSKI
Ja, das ist richtig. An ein Bild – oder besser: an einen ganzen »Film« – kann ich mich genau erinnern. Ich sitze in einem notdürftig erhellten Raum an einem runden Tisch. Und plötzlich tritt eine elegante Dame herein (so habe ich mich damals ausgedrückt). Sie hat eine Teekanne in der Hand und fragt mich, ob ich Tee haben will. Ich nicke – alles geschieht stumm –, sie schenkt den Tee ein, man hört das Klappern des Geschirrs, dann schaut sie mich an. Das waren eigenartig faszinierende Bilder für einen Häftling – natürlich aus doppeltem Grund. Die Zuhörer konnten gar nicht genug kriegen: wie die Geschichte dann weiterginge, wollten sie wissen. Und ich war hochgeachtet.

LENZ
Wie ist das in solchen extremen Situationen, Herr Kempowski? Die Phantasie, die man einsetzt, um die Lage erträglich zu machen, wird die – sozusagen – auch von begleitender Erkenntnis bewertet, in dem Sinne, daß man sich sagt, du mußt jetzt strikt arbeiten im Sinne von Arbeitstherapie, damit du das alles, diesen schlimmen Zustand, ein bißchen milderst, oder tut man das blind? Verstehen Sie, wie ich's meine?

KEMPOWSKI

Ja, ja, natürlich. Ich glaube, sowohl als auch. Nehmen
wir mal die eine Seite, die größere Unterkunft, den
Saal, in dem wir mit vierhundert Mann zusammensa-
ßen. Das war ja, wenn man so will, geradezu eine ideale
Situation. Ich habe mich zeitweilig direkt wohl gefühlt
in dieser Umgebung. Vierhundert Mann, aus allen Ge-
genden Deutschlands, aus allen Schichten der Bevölkerung; Menschen, die zum Teil recht angenehm waren.
Ich habe wunderbare Menschen kennengelernt, Cha-
raktere, an die ich heute noch oft denke. Unsympathi-
sche Typen waren die Ausnahme. Verrückterweise
neigten viele von ihnen dazu, sich auch in einer solchen
Lage das Leben »behaglicher« zu machen; das heißt, es
genügte ihnen nicht, daß sie einen Strohsack hatten,
nein, es mußte auch ein Kissen drauf liegen. Das wurde
dann mit buntem Garn bestickt, das ist ja klar. Natürlich mit einem gelben Kanarienvogel, der »Freiheit, die
ich meine« trillerte. Ich glaube nicht, daß sie das machten, um die Zeit totzuschlagen, daß ihnen dieser Beweg-
grund bewußt gewesen wäre. Nein, die wollten es sich
behaglich machen – die Zeit totzuschlagen, war ein
Nebeneffekt.
Andere Gefangene arbeiteten ganz systematisch auf die
Zukunft hin. Sie lernten Sprachen. Da war einer, ein
Schlosserlehrling, der hat Latein und Griechisch gelernt, der ist jetzt Pastor in Thüringen. Er hat sich in
diesen sechs Jahren, die er absitzen mußte, unaufhör-
lich weitergebildet. Mir lag das nicht. Ich habe immer
einen Widerwillen gehabt, etwas zu lernen, wovon ich
meinen konnte, daß es mir später zugute kommen würde. Das schien mir zu kurz gedacht. Mir kommt in er-

ster Linie zugute, was ich schon weiß, und das muß ich retten – so dachte ich.

Ich sprach von der »Erlösung der Bilder«, davon, daß ich meine eigene Persönlichkeit hermetisieren mußte – es war, als ob ich mich zusammenstauchen mußte, das Wesentliche immer enger, eben hermetischer zusammendrängen. Damit habe ich eigentlich in diesen Jahren genug zu tun gehabt. Alles, was dem diente, habe ich getan. Schon die kleinste Anforderung – einer wollte mit mir unbedingt Englisch treiben – habe ich nach zwei, drei Tagen aufgegeben; und zwar, weil es mich regelrecht anekelte. Außerdem wußte ich ja gar nicht, wann ich da herauskomme, und ob überhaupt. Ich sagte zu ihm: »Was soll ich mit Englisch? So weit kann ich nicht denken – bis nach der Entlassung.«

Lenz

Das ist eine ganz wichtige Bemerkung, glaube ich. Sie haben uns ja anfangs erzählt, wie man sein Dasein bewirtschaftet in dieser Situation. Bleibt das Denken auf das Ende der Haftzeit gerichtet, oder versucht man nur, den Tag herumzubringen? All das, was man am Tag tut, dient es dazu, gewissermaßen die Zeit in der Vorstellungskraft zu erleichtern, die dann nach der Entlassung beginnt?

Kempowski

Gewöhnlich ist letzteres der Fall. Also, der normale Häftling denkt in erster Linie an seine Entlassung. Er vergißt dabei, daß das auf Kosten seines Wohlbefindens geht. Denn das, was ihm da die Entlassung vorgaukelt, ist im Grunde ein Trugbild. Der Augenblick der Entlassung ist äußerst kurz. Das Glücksgefühl dauert praktisch nur fünf Minuten. Das ist der kurze Moment, in dem der Gefangene die Anstalt verläßt. Danach stürzt alles ein ...

LENZ
Die neuen Forderungen des Alltags ...

KEMPOWSKI
Da spielt es denn auch gar keine Rolle, ob einer ein politischer oder ein anderer Häftling ist, in der sogenannten Freiheit ist jeder gleich schlecht bedient; die Außenwelt kann gar nicht halten, was dieser Mann sich von ihr versprochen hat.

LENZ
Das haben Sie ja sehr lakonisch beschrieben, die Szene nach Ihrer Entlassung. Dieses problematische Glück in einer plötzlich aufgerissenen Leere.

KEMPOWSKI
Weder in der Haft, noch bei der Entlassung habe ich mich anders verhalten als die anderen. Ich habe natürlich auch immer gern gehört, wenn jemand sagte: morgen werden wir entlassen – obwohl jeder wußte, das kann gar nicht sein, schon technisch ist es ausgeschlossen, zehntausend Häftlinge an einem einzigen Tag zu entlassen. »Hoffen und Harren hält manchen zum Narren.« Nach etwa drei, vier Jahren habe ich gemerkt, daß man krank wird von der gegenstandslosen Hoffnung. Ich habe dann versucht, meine Aktivitäten auf die Gemeinschaft zu richten. Habe mich zum Beispiel mit Musik be-

schäftigt. Ich hatte als Schüler, als »höherer Sohn«, ein Konservatorium besucht und dort einen Harmonielehre-Kurs belegt; aber nur wenige Tage – ich halte es nicht lange aus, dieses Erwerben von Bildungsmunition. Wissenserwerb ertrage ich nicht, bis heute nicht.

LENZ
Obgleich er notwendig ist.

KEMPOWSKI
Leider, ja, aber mich zwingen zu müssen, irgendetwas konkret zu lernen, dagegen habe ich einen solchen Widerwillen, ich kann ihn nicht überwinden. – Und ich bin Lehrer, stellen Sie sich das vor!

LENZ
Vielleicht kann man andere Möglichkeiten der Wissensvermittlung erfinden.

KEMPOWSKI
Jetzt habe ich den Faden verloren. Wo war ich stehengeblieben? Sie müssen mir helfen. Ich wollte erzählen, na, was war's denn?

LENZ
Vom Wissenserwerb sprachen Sie.

KEMPOWSKI
Ja, aber davor sagte ich noch etwas anderes; von einem Beispiel sprach ich. Ach, ja, die Musik, jetzt habe ich es. – Also ich hatte auf dem Konservatorium drei- oder viermal den Harmoniekursus besucht, und das hat komischerweise gereicht, mir das Prinzip des Quintenzir-

kels zu verdeutlichen, und das war in dieser Situation meine Rettung. Ich trat einem kleinen Chor bei; das Singen war zunächst verboten, aber dann auch wieder erlaubt. Immerhin vierzig Männer waren wir schließlich. Das Problem war, woher die Noten kriegen? Und da kommen wir nun auf ein Gebiet der Phantasie, das viele oft vergessen: nämlich die konstruktive Phantasie, so will ich sie mal nennen, bei der man mit Hilfe seines Gehirns etwas schafft, das vorher nicht da war und Menschen direkt nützt. Als ich dann später den Chor leitete, habe ich Chorwerke geschrieben, ihnen lateinische Texte unterlegt und behauptet, sie wären von Palestrina. Alle haben es geglaubt, weil kein Mensch Palestrina kannte, und sie haben die Chorwerke mit größtem Genuß gesungen und sich gewundert, daß ich diese Noten besorgt hatte – angeblich über den Pfarrer; aber sie waren, jedenfalls teilweise, von mir. Nicht alle, aber ein großer Teil. Die regulär hereingegebenen Chorwerke studierte ich natürlich genauestens, um »im Stil« zu bleiben. Ich war sehr glücklich über den Einfall, denn ich hatte zwei Fliegen mit einer Klappe geschlagen. Auf der einen Seite hatte ich etwas aus mir heraus geschaffen, das es vorher nicht gab, und das war nun »anzufassen« oder, besser gesagt, zu hören. Auf der anderen Seite hatte ich etwas für die Gesellschaft getan. Mit Hilfe der Phantasie konnten Menschen beschäftigt und angeregt werden. Und für mich selbst war das womöglich noch wertvoller. Ich konnte etwas Eigenes einstudieren, etwas hören, das ich nie zuvor vernommen hatte – und die Leute hörten sogar zu! Sie haben nicht gesagt: aufhören! Schluß mit dem Mist! Nein, sie hörten zum Teil sogar ergriffen zu, es hatte ihnen gefallen. Das kam meinem Selbstgefühl zugute.

LENZ

Auf dem Hintergrund dieser Erfahrungen, Herr Kempowski, die Sie gerade beschrieben haben, erhält Phantasie geradezu eine besondere, fast lebenserhaltende Bedeutung. Ich möchte die Dimension erweitern und Sie noch etwas anderes fragen: Halten Sie die Phantasie für hinreichend fähig, Regierungsgewalt zu übernehmen? Sie haben sicher auch von Tendenzen erfahren, Sie haben die Parolen gehört, die Rufe vernommen: »Die Phantasie an die Macht!« Diese schöpferische Phantasie, die sich in extremen Situationen so bewährt hat, und die uns bestimmt manchen Anlaß gegeben hat, ihr einiges zuzutrauen. Glauben Sie, daß das möglich ist, daß man dieser Parole folgen sollte?

KEMPOWSKI

Die Kreativität der Menschen wird meistens unterschätzt. Man gesteht Einzelnen zu, daß sie Künstler sind: Maler, Musiker oder – oder Lehrer, die ja auch eine Art Künstler sind.

LENZ

Natürlich, ja.

KEMPOWSKI

Aber man glaubt nicht, daß eine Masse von Menschen, sagen wir mal, die Bevölkerung einer ganzen Stadt, von einer kreativen Welle erfaßt werden kann. Die »Herrschenden« – wie das heute so genannt wird –, also Bürgermeister zum Beispiel, die in ihren Kalkulationen und Haushaltsplänen befangen sind, entscheiden über den

Bau einer Straße und sind baß erstaunt, wenn plötzlich die Bürger anderer Meinung sind. Wir erleben ja jetzt einiges in dieser Richtung, siehe Frankfurt, oder auch anderswo. Plötzlich ist eine ganze Bevölkerung von dynamischer Kreativität erfaßt. Und zwar auf allen Gebieten. Ich kann den guten Herrn Börner verstehen, daß er irgendwann einmal sagt: also, wir haben das durchgerechnet und mit den Paragraphen verglichen, und wir werden hier nun sagen: diese Startbahn muß gebaut werden, und das setzen wir durch. Das ist ein Standpunkt, der sicher auch auf Überlegungen basiert, die man respektieren muß. Aber es sollte uns alle aufhorchen lassen, daß Menschen, die man schon in völliger Stupidität, in Wohlstandsstupidität versinken sah, plötzlich auf hundert verschiedenen, meist gleich gelagerten Gebieten aufbrechen, ihre Städte verschönern oder deren Zerstörung verhindern; das sollte nicht nur uns, sondern auch festgefahrene Politiker dazu bringen, daß wir die Signale, die aus dem Volk kommen, nicht überhören, sondern uns darauf einstellen. Der Gesellschaft wachsen hier Hilfskräfte zu, mit denen sie gar nicht gerechnet hat. Ich weiß nicht, ob ein Staat oder seine Repräsentanten das noch können, ob sie noch so flexibel sind. Vielleicht ist es so, daß das Gerede von der Revolution daher kommt, daß im Volk eine instinktive Ahnung vorherrscht, daß die verkrustete Schicht der Regierenden nicht mehr reagieren *kann*. Das sehen wir ja nicht nur in den Ländern und Gemeinden, sondern sogar in Familien. Man kann beobachten, daß sich Familienväter außerordentlich schwer tun, wenn plötzlich aus der Familie, der sie nach eigenem Selbstverständnis vorstehen, andere, neuartige Wünsche kommen: Nein, wir wollen dies, wir wollen das! Gut beraten ist immer der, der das aufnimmt und – wie ich vorhin schon sagte – das Festgeschriebene plötzlich auf eine andere Ebene verlagert und als etwas Zukünftiges betrachtet, in das man hineinschreiten kann, meinetwegen »der Sonne entgegen«. Ich will nicht abgegriffene Bilder strapazieren, aber hier bricht doch etwas Angelegtes auf, das übrigens nur geweckt zu werden brauchte. Ich denke, es gab im Laufe der Geschichte immer phantasiegeladene Epochen. Wir brauchen gar keine Beispiele. Es waren meist Revolutionen, die leider fast immer schrecklich endeten und wieder in neuerlicher Erstarrung mündeten. Aber wir sollten schon froh sein, daß es überhaupt dieses Aufatmen gibt, diese Wellenbewegung, womit ich nicht unbedingt einer Revolution das Wort reden will.

LENZ
Wünschten Sie sich, Herr Kempowski, einen Roman als Regierungserklärung oder einige unserer Kollegen an die Macht?

KEMPOWSKI
Ja – das ist schwer zu sagen. Ich weiß nicht, vielleicht würden Sie, Herr Lenz, einen guten Innenminister abgeben, sicherlich! Für mich würde ich aber keinen Posten in der Regierung wünschen. Ich würde das nicht können. Dafür habe ich zuviel Respekt vor der Schwierigkeit einer solchen Aufgabe. Wir haben es ja relativ leicht, man kann »die da oben« kritisieren. Aber, ich meine, es gehört auch ein Anerkennen der Schwierigkeiten dazu, denen sich Regierende gegenübersehen. Man hat sich daran gewöhnt, jede Kleinigkeit, die uns von »da

oben« zugemutet oder verkündet wird, zu kritisieren. Zu sagen: »Die haben alle einen Vogel, die haben von nichts eine Ahnung.« So, ist das ja nun auch nicht. Die sind ja auch gehalten und gebunden und stehen unter dem, was man Außendruck nennt, unter dem auch wir leiden.

LENZ
Es bestehen natürlich Verpflichtungen. Verpflichtungen für die Übernahme von ganz bestimmten Schutzbedürf- nissen nach innen, nach außen, für Wohlfahrt zu sorgen, Gerechtigkeit zu garantieren, und so weiter.

KEMPOWSKI
Es gibt auch mal einen Regierungschef – ich denke an Trudeau in Kanada –, der macht plötzlich einen Schlen- ker ins Elegante oder ins Kreative, wenn Sie so wollen – aber im Grunde ist auch dabei nicht viel herausgekom- men.

LENZ
Mit anderen Worten, die Phantasie hat es schwer auf dem politischen Feld.

KEMPOWSKI
Ja. Wir wollen sie aber nicht unterschätzen; denn ich glaube, gerade da, wo sie sehr eingeengt wird, hat sie ih- ren wichtigsten Platz. In einer ganz offenen Gesellschaft, wo alles erlaubt ist, läuft sie sich im Grunde tot. Aber, wenn wir in den Osten gucken, an Polen denken, wie auf einmal in solchen hermetischen, ideologischen Ge- bilden, die scheinbar nichts zulassen, sich doch etwas

Neues zeigt und durchsetzt. Das ist doch eine Hoffnung, selbst wenn die Zukunft noch ungewiß ist. Ich meine, so schlimm es auch kommen mag, wir dürfen der menschlichen Phantasie durchaus etwas zutrauen und aus den Erkenntnissen der Vergangenheit schließen, daß eine Situation nie aussichtslos ist.

LENZ
Es ist fast gesetzmäßig: je größer der Druck ist und je entschiedener die, wie Sie sagten, hermetische Lage, um so zwangsläufiger aktiviert sich die Phantasie – einfach, indem sie auf die jeweilige Situation mit Gegenmustern antwortet, mit Alternativangeboten.
Lieber Herr Kempowski, ich habe in Ihnen den seltenen Glücksfall eines Gesprächspartners, der nicht nur ein Kollege, sondern gleichzeitig auch Pädagoge ist. Da wir über die Phantasie sprechen, setze ich voraus, daß Sie große Erfahrungen haben, was die Phantasie der Kinder betrifft – und zwar in vielerlei Hinsicht. Es stehen sich, wenn ich das so sagen darf, zwei Phantasien gegenüber: die des Pädagogen und die der Kinder. Wie reagieren diese beiden doch sehr verschiedenartigen Phantasien aufeinander? Wirkt das stimulierend, oder bleibt jeder isoliert?

KEMPOWSKI
Ich sagte vorhin schon, daß ich nicht gerne lerne, ja, daß ich sogar einen Ekel vor dem Lernen habe, und das sage ich als Lehrer, der Kinder oder andere Menschen geradezu zwingen muß, etwas zu lernen, weil es einen Lehrplan gibt. Das ist ein Dilemma, das nicht zu lösen ist: als Lehrer kam es mir immer so vor, als ob ich den Wissens-

stoff, den ich zu vermitteln hatte, wie einen Holzklotz in einen Ameisenhaufen werfe und da die größte Unordnung hervorrufe. Es kam mir oft so vollkommen sinnlos vor. Gut, schreiben, rechnen und lesen . . .

LENZ
Übertragen Sie denn Ihre eigene Abneigung gegenüber dem Wissenserwerb automatisch auf die Kinder?

KEMPOWSKI
Ja, ich habe immer damit zu tun. Ich habe den Eindruck, als ob die Kinder, wenn sie in die Schule kommen — die Erstkläßler also —, im Grunde fertige Menschen sind, und zwar — im Sinne der Harmonie — bessere Menschen als ich; denn sie haben noch das, was ich mir jeden Tag mühsam wieder erkämpfen muß: die Naivität, im besten Sinne des Wortes — Naivität, nicht im Sinne von Dummheit, wie das hier in Deutschland oft so verstanden wird, sondern — ich will das Wort »heil« vermeiden, weil es anders besetzt ist — Naivität als Umschreibung für »unverbildet«, eben für »richtig«. Sie sind im Grunde so richtig. Man möchte diesen jungen Menschen sagen: bleibt so! Wir versuchen, hier noch so ein bißchen dranzukleben und da noch ein bißchen an euch herumzuschaben, aber im Grunde ist das überflüssig. Wir leben nun mal in einem aggressiv forderndem System, und da müssen wir es tun, sonst gehen sie unter. Wir müssen es tun, aber es sollte mit großer Behutsamkeit geschehen, so wie man mit Pinzetten arbeitet. Das schlechte Gewissen kann man dabei trotzdem nicht überwinden. Ich habe, wenn ich das so thesenhaft fassen darf, in allererster Hinsicht immer dafür gesorgt, daß die Kinder so

blieben, wie sie sind. Und auch das war meine Maxime: der Lehrer soll die Kinder bestätigen in ihrem Sosein und immer wieder sagen: was du mir zu bieten hast, ist so unendlich viel reicher und geschlossener und harmonischer als das, was ich gezwungen bin, dir jetzt aufzupfropfen.

LENZ
Das ist fast ein pädagogisches Bekenntnis und ein Programm.

KEMPOWSKI
Na, ja, aber daraus ergeben sich natürlich Folgerungen. Wenn ich gesagt habe, so eine Klasse ist ein Ameisenhaufen, jedes Kind ist ein Ameisenhaufen für sich, und das Ganze ist ein Staat von ungeheuren Dimensionen –; wenn ich das einmal erkannt habe, dann bin ich aber auch als Lehrer – und danach fragten Sie ja wohl – gezwungen, mich von den Kindern anregen zu lassen, auf sie zu reagieren und nicht umgekehrt. Ich muß lauschen, wie mit einem Stethoskop. Praktisch sieht das so aus, daß ich morgens in die Schule komme, in die Klasse, und die Kinder mir erst einmal anschaue. Sind sie ruhig, sind sie unruhig? In der Landschule hat es Tage gegeben im Winter, wo wir erst einmal um den Ofen herumstanden und den ordentlich feuerten und so ein bißchen plauderten, weil man das Bedürfnis hatte, zu erkunden; wo sind wir denn nun eigentlich?

LENZ
Herr Kempowski, wenn ein Kind erschrocken auf Sie zukommt an einem Morgen und Sie ein bißchen verstört

anschaut und sagt: »Ich seh' etwas, was du nicht siehst, und das ist schlimm.« Wie reagieren Sie darauf?

KEMPOWSKI
Das hat absolute Priorität. Der Lehrplan, der ja auch sein muß, ich sehe es ein, der wird in diesem Augenblick beiseitegeschoben. Ich muß mich mit diesem Kind, das da auf mich zukommt, beschäftigen. Und das Merkwürdige ist: dieses Kind trägt seine Mitteilung ja stellvertretend für die anderen vor; denn was dieses Kind als schlimm ansieht, ist als nahende Gefahr von den anderen immer schon erkannt und erwartet worden. Also, zum Beispiel, wenn der Großvater dieses Kindes gestorben ist, dann haben die anderen Kinder es entweder schon erlebt, oder überhaupt das Sterben eines Menschen erlebt, oder dieses Erleben steht ihnen noch bevor.

LENZ
Nach Ihrer Erfahrung: werden Kinder durch die Wahrnehmung ihrer Phantasievorstellungen, ihrer Einbildungskraft, mehr nach außen gesteuert als Erwachsene?

KEMPOWSKI
Ich glaube wohl. Das hängt auch mit dem Lernen zusammen. Es gibt da aber natürlich Ausnahmen. Ich möchte auf etwas hinweisen, was Sie in der »Deutschstunde« verwirklicht haben. Wenn ich eben sagte, man soll die Kinder so lassen, wie sie sind, dann meine ich folgendes damit: der lauschende, beobachtende Pädagoge hat auf einmal den Eindruck, hier ist ein Kind, das sich förmlich ergießen muß – wenn ich dieses Bild einmal gebrauchen darf: ergießen, ohne von der Form zu wissen, in die das

alles fließen soll. Wenn das so ist, dann muß ich mit ihm zusammen die Form erkunden. Und das ist die ungeheure Verantwortung. Ständig auf der Lauer zu liegen, Ausschau zu halten nach solchen Menschen, die auf einmal »gebären« wollen. Sie haben in der »Deutschstunde« gezeigt, wie jemand unter Außendruck gestellt wird, und zwar starken Außendruck. Ich will nicht sagen, daß man Kinder unbedingt einsperren soll, um zu Ergebnissen zu kommen, aber man muß in irgendeiner Form etwas ganz ernsthaft von ihnen fordern. Ein begabtes Kind etwa, da darf man nicht lockerlassen. Dann erlebt man auch immer wieder die großen Glücksfälle, wie Sie das zum Beispiel in der »Deutschstunde« schildern. Eine Begabung »strömt« dann plötzlich aus, »ergießt« sich wie Tinte, die man in ein Aquarium mit klarem Wasser schüttet. Die herrlichsten Gebilde ergeben sich. Wir können auf diese Glücksfälle nicht verzichten. Dazu gehört aber Geburtshilfe, und die kann von einer Härte sein, die man einem Pädagogen nicht zutraut. Was ich jetzt sage, klingt vielleicht wie ein Widerspruch zu dem, was ich vorhin sagte, ist es aber nicht. Wir können die Kinder nicht so lassen, wie sie sind. Wir müssen auch auf das achtgeben, was sie sein *können* in unserer Gesellschaft, sonst gehen wir und sie zugrunde. Das ist aber nicht »Veränderung« von Menschen, sondern ihre Verwirklichung. Als ich noch Lehrer auf dem Lande war, da war ein Mädchen in der Klasse, das schrieb immer so Briefe. Ich fragte: »Was machst du denn da?« Sie sagte auf plattdeutsch, sie schreibt einen Roman. Stellen Sie sich das vor! Da sagte ich: »Paß mal auf, jetzt setzt du dich in den Gruppenraum.« Ich habe sie richtig freigestellt von aller Arbeit. Eine Woche lang. »Der Schulrat kommt«

hieß die Arbeit, und zwar schrieb sie sie erst auf plattdeutsch, und dann hat sie das noch ins Hochdeutsche
übersetzt. Ein dreizehnjähriges Kind! Dieses Mädchen
beendete die Volksschule und ist jetzt Lehrerin, über einen umständlichen Weg hat sie es geschafft.

LENZ
Das war also der Pädagoge Walter Kempowski. Aber
jetzt noch einmal zurück zum Autor Walter Kempowski. Wenn ich an Ihre Bücher denke, dann habe ich den
Eindruck, daß hier eine außerordentliche Höflichkeit
oder Gerechtigkeit dem Leser gegenüber waltet. Einfach
deswegen, weil Sie nicht grob verfügen: so ist die Außenansicht meiner Familie. So ist die Außenansicht von Rostock. So haben wir gelebt, in dieser bestimmten Weise.
Das wäre sicherlich zu simpel. Sie verteilen die Aussagen
auf verschiedene chronikhafte Berichte, auf verschiedene
Zeugen und Zeugnisse, so daß gewissermaßen von einem ganzen Geflecht her sich eine neue Wirklichkeit ergibt oder aber, wie Sie am Anfang des Gesprächs sagten,
ein fiktives Rostock, das jeder auf seine ganz bestimmte
Weise zur Kenntnis nimmt. Mit anderen Worten, hier
herrschen Freuden des Pointillismus vor, wie ich sie sel-
ten in unserer Gegenwartsliteratur, in einer Chronik, in
einem Bericht, vorgefunden habe. Aber gerade dadurch
ergibt sich bei Ihnen eine Art privater Familiengeschich-
te, die zur Zeitgeschichte wird. Möchten Sie sich dazu
äußern?

KEMPOWSKI
Also das, was die Leute mit »privat« bezeichnen, das
wäre sicher ganz uninteressant gewesen. Ich habe da mal

so einen blöden Einfall gehabt, ich sagte: das Allerprivateste ist auch das Allgemeinste . . .

LENZ
Das ist kein blöder Einfall. Das ist seit zweitausend Jahren gültig.

KEMPOWSKI
Aber hoffentlich nicht so formuliert.

LENZ
In anderer Weise.

KEMPOWSKI
Also, wenn ich jetzt durch das Private hindurchstoße, auf eine tiefere Schicht, auf das Allerprivateste – die Schränke öffne, in Schubladen krame, die Jackentaschen durchsuche: ein bedenklicher Vorgang, wird man sagen. Aber es geschieht ja zu einem guten Zweck. Wenn ich das also tue, dann werde ich auch einmal eine Stelle anbohren, die wir alle gemeinsam haben: den Kern, von dem wir schon sprachen, und der im Unbewußten wohl allen Menschen gemeinsam ist. Wie können wir die Nächstenliebe erklären, wie sollten wir den anderen lieben können, wenn wir nicht uns selbst in ihm sehen? Und diese Möglichkeit der Scharfeinstellung, daß man einen Menschen, wenn man ihn betrachtet, wie mit einem Teleobjektiv heranholt, bewirkt, daß man von diesem Karl-Georg Kempowski, dem Kaufmann, auf einen anderen kommt, der in ihm angelegt ist, oder daß ich mich selbst auf einmal hinter oder in ihm sehe. Ich glaube, es handelt sich bei autobiographischen Romanen

auch um eine Art Selbstdarstellung in jeder Person. Sie kennen ja den berühmten Satz von Flaubert über die Madame Bovary. Gut, in Wahrheit ist es doch so: wenn Karl-Georg Kempowski noch lebte und die Bücher lesen könnte – ich glaube beinahe, er ...

LENZ
Er würde protestieren.

KEMPOWSKI
Er würde sich gar nicht erkennen.

LENZ
Vermutlich doch; und dann würde er protestieren. In einigen Einzelheiten bestimmt.

KEMPOWSKI
Er würde lachen und sagen: das ist aber ein lustiger Bursche, der hat Ähnlichkeit mit mir. Nun könnte ein Außenstehender auf die Idee kommen, ich hätte ungenau porträtiert, aber das ist gerade nicht der Fall. Um einen einfachen Vergleich zu wählen: wenn wir einem Porträtisten zugucken, der, sagen wir, in Spachteltechnik eine historische Persönlichkeit malt, dann kann man zunächst auch sagen: der ist aber ähnlich. Rückt man aber näher an das Bild heran, dann wird es ganz verrückt: breite Farbstreifen. Wie kommt die Ähnlichkeit zustande? Es liegt daran, daß der Künstler in diesem Falle auf das Typische geachtet hat und das mit wenigen Strichen herstellen konnte.

LENZ
Geh weiter weg von mir, damit ich dich besser sehe.

KEMPOWSKI
Ja, sehr schön, wunderbar, genau das ist es. Dann aber
diese Person ganz auszudenken, das geht nur mit Hilfe
der Meditation, anders ist es nicht möglich. Ich muß mir
die Objekte vergegenwärtigen, die ihn umstanden haben, die er benutzt hat, seine Brille . . .

LENZ
Die ganzen Bedingungen des Daseins natürlich, auch
zeitgeschichtlich.

KEMPOWSKI
Aber auch den Mantelknopf; alle Dinge, die er liebte,
alle Bücher, die er las. Ich habe mir die Bibliothek meines Vaters wieder zusammengekauft. Schreckliche Bücher sind das. Kein einziges davon kann ich lesen. Aber
schon die Bücherrücken haben diese Anmutungsquali-
tät, die mich instandsetzt, durch seine bürgerlichen Äu-
ßerlichkeiten hindurchzustoßen, auf das Wesentliche,
das dann wiederum alle Leser angeht.

LENZ
Aber wie kommt Fremde hier ins Spiel? Bei soviel er-
wünschter Genauigkeit und Identität und bei der Ex-
aktheit, mit der Sie bei den Präparationen Ihrer Familie vorgehen, gibt's dann plötzlich doch den Umschlag
in die Fremdheit, in die Bestürzung, in die Verblüf-
fung? Das geht so weit, daß, wie Sie eben sagten, Karl-
Georg Kempowski nicht in der Lage wäre, sich selbst

wiederzuerkennen. Wodurch geschieht diese Verfremdung?

KEMPOWSKI
Durch Hinzufügen von Personen, Begebenheiten und Sachverhalten, die es in der Realität nicht gab. Der Autor will seinen Personen zum Beispiel mal etwas Gutes tun. Er erfindet der Mutter, die aus dem Gefängnis kommt, einen Freund hinzu, Cornelli, den es nicht gegeben hat. Er gleicht also das Schicksal freundlich aus. Und dann zum Strukturellen. In dem Buch »Schöne Aussicht« zum Beispiel wird ein junges Paar, Karl und Grete, geschildert. Sie haben geheiratet, und man könnte denken: happy end – nun wird alles schön. »Schöne Aussichten« eben. Aber da geht's erst los. Alte Frauen wissen, warum sie weinen, wenn sie ein Hochzeitspaar aus der Kirche herauskommen sehen. Sie wissen, nun geht's erst richtig los. Natürlich könnte man eine harmonische Ehe darstellen, die im wesentlichen sich am Frühstückstisch abspielt, mit Aufklopfen des Eies, Kanarienvogel und Sonnenschein. Das ist da, sicherlich, das kann man auch zeigen. Aber mein Thema ist doch in diesem Fall, daß die beiden im Grunde gar nicht heiraten wollten. Sie bleiben zusammen, die Ehe hält, aber sie hat ihren Cornelli und er hat eine Freundin in Schweden. Beide hat es nicht gegeben, weder Cornelli noch die Schwedin. Hier habe ich eingegriffen und habe versucht, Harmonie in der Disharmonie darzustellen. Ich wollte zeigen, daß eine Harmonie immer trotz der Disharmonie entsteht, und niemals ohne sie. Das ist gerade eine Bedingung. Aus der Musik kennen wir das ja: wir brauchen die Dissonanz, sonst gibt es auch keine Harmonie.

LENZ
Einige müssen unglücklich sein, damit Glück sich definieren läßt.

KEMPOWSKI
Ja, aber auch Harmonie im Sinne von Aufeinander-bezogensein. *Sie* guckt nach links, *er* nach rechts. Sie drehen sich den Rücken zu, streben weit weg, um sich dann allerdings zu einem anderen Zeitpunkt einander wieder zuzuwenden. Ich glaube, wenn ein Leser den Roman »Schöne Aussicht« liest, wird er diese Signale so ohne weiteres zunächst gar nicht wahrnehmen. Er wird sagen: ah, er hat da ein schwedisches Mädchen, das ist ja interessant. Er wird es gar nicht auf das Typische bringen können. Deshalb muß ein Roman so lang sein. Und deshalb habe ich einen ganzen Zyklus von Romanen geschrieben. Ein Roman muß fünfhundert Seiten haben, damit man solche Motive variieren und durchführen kann. – Man muß es zeichnen können. Ich habe immer das Bedürfnis, meine Phantasie durch Strukturzeichnungen zu stützen. Sie begleiten, erläutern, vertiefen. Und das alles zusammengenommen, muß dann so organisiert sein, daß es im Leser dieses Aufbauende hervorruft . . .

LENZ
Was verstehen Sie darunter?

KEMPOWSKI
Einerseits ihn bestätigt und andererseits, aus dieser Bestätigung heraus, ihm die Möglichkeit gibt, sich zu ändern.

LENZ
Bestätigung im Sinne des Wiedererkennens?

KEMPOWSKI
Er erkennt sich zunächst wieder und ist daher bereit, die
Erkenntnisse der Personen in dem Roman auf sich selbst
anzuwenden. Wie könnte man heute noch einen Roman
über die Nazizeit schreiben und von diesem Roman er-
warten, daß er je gekauft würde, wenn man die bittere
Pille nicht – sagen wir mal: mit einer süßen Kuvertüre
überzieht, bevor man sie den Menschen zu schlucken
gibt? Beim Autor ist wenigstens die Hoffnung vorhanden, daß der Leser eine solche Medizin auch schluckt.
Auf jeden Fall sollte ein Roman so sein, wie ein erleuch-
tetes Haus. Menschen, die in der Nacht daran vorbeigehen, sollten sagen: in diesem Haus möchte ich gern wohnen. Und wenn sie drin sind, lassen sie sich nieder und
sagen: ja, hier will ich bleiben. Und wenn sie mit den
Menschen, die sie in diesem Haus vorfinden, zusammen-
leben, dann lernen sie auch deren Ansichten und deren
Lebensstil kennen, und dann erst stellt sich der Lern-
effekt ein. Die Disharmonie wird akzeptiert.

LENZ
Diese Übereinstimmung im Widerspruch ergab sich bei
mir – als Ihrem Leser – auch in dem Augenblick, als
ich Ihr Rostock zu erfahren versuchte. Plötzlich ging es
mir so, wie es einigen Leuten mit der Identität von
Shakespeare ging. Rostock ist nicht Rostock, sondern
eine andere Stadt gleichen Namens. In dem Sinne habe
ich Sie verstanden.

KEMPOWSKI

Ja, so kann man das sagen. Das Thema Stadt hat mich immer beschäftigt. Das ging schon los, als ich ein Kind war. Da haben wir auf einem großen Tisch ein Stadtspiel gespielt, so ähnlich wie Monopoly. Wir haben eine Stadt nachgebaut. Jeder hatte seinen Beruf. Es war ein »längeres Gedankenspiel« im Sinne von Arno Schmidt. Das haben wir einen ganzen Winter lang gespielt. Später, als Lehrer, habe ich das wieder aufgenommen, habe die Klasse umgebaut und mit den Kindern wochenlang ein solches Stadtspiel gespielt. Plötzlich war tägliches Leben in die Klasse hereingenommen. Ein Planspiel war das, so nennt man das wohl. Lustigerweise verlangt die pädagogische Theorie des Planspiels immer auch ein Ziel beim Spiel. So etwas Idiotisches! Aus diesem Grunde wurde die Arbeit, die ich über dieses Spiel schrieb, auch von den Verlagen abgelehnt.

LENZ

Unter Kindern ist es ausgemacht, sinnlose Spiele zu spielen, Spiele, die keinen Zweck haben.

KEMPOWSKI

Sie und ich wissen es, aber sagen Sie das mal den Theoretikern! Für die muß ein Planspiel immer ein Ziel haben, und das kann dann ja nur in der Zerstörung der Stadt liegen. Das wäre für mich etwas höchst Unhumanes. Denn es ist in der Tat so, Kinder setzen ihrem Spiel ein Ende, indem sie zerstören, was sie aufgebaut haben. Nichts widerwärtiger, als in eine Stube zu gehen, wo ein Turm bereits aufgebaut ist. Den kann man ja nur umschmeißen.

LENZ

Eine andere Frage, Herr Kempowski. Wo fühlen Sie sich denn heimischer, im Rostock Ihrer Romane oder im konkreten Rostock?

KEMPOWSKI

Im Rostock meiner Romane, das muß ich doch wohl deutlich sagen, weil es aus meiner Vorstellung kommt. Ich habe dieser Stadt ja auch etwas Gutes getan. Ein paar Gewölbe habe ich dazuerfunden, die es dort nicht mehr gibt – dafür haben die Rostocker Stadtväter schon seit Jahrzehnten, Jahrhunderten gesorgt. Ich habe dieser Stadt – wenn man das so sagen darf – eine andere Harmonie gegeben, die mit der Realität nur indirekt zu tun hat. Im Grunde bewegen wir alle uns in der gleichen Stadt, ob sie nun Lübeck oder Danzig oder eben Rostock heißt.

Aber zurück zu unserem Metier. Wenn man in einem Ihrer Romane von einem Teppich liest, der doch vermutlich nie existiert hat, und den Sie sich mitsamt den darauf dargestellten Mustern ausgedacht haben, und wenn man um die Existenz eines solchen Vehikels bangt, das ein Symbol transportiert, dann ist doch etwas erreicht, was jenseits des Inhalts liegt: nämlich ein Erlebnis der Form.

Wenn wir über Phantasie sprechen, müssen wir noch einmal ganz deutlich sagen, daß Phantasie nicht nur das »Phantastische« ist, das »von der Phantasie Erfundene«, sondern sich auch auf dem Gebiet der Form manifestieren kann. Wir wissen, daß erst die Phantasie, die sich in der Form manifestiert, etwas Geschriebenes zum Kunstwerk macht; denn der Inhalt ist, glaube ich, austauschbar.

LENZ
Ja, da möchte ich zustimmen.

KEMPOWSKI
Ich möchte mich nicht selbst zitieren, aber in einem solchen Gespräch bleibt das nicht aus. Als ich einmal sagte: »Ich bin im Grunde dazu da, Ordnung zu schaffen«, haben einige Leute mir das übelgenommen. Die dachten, ich räume dauernd auf. Das ist natürlich nicht der Fall, in dem Sinne jedenfalls nicht, daß ich pedantisch nun ewig meine Sachen sortiere. Aber ich meine, unsere Umwelt ist wie ein wogendes Chaos. Ein Roman, der nähert sich mir fast wie eine Wolke, und ich bin gezwungen, ihn aus diesem Chaos herauszulösen. – Ich habe manchmal den Eindruck, er ist schon da, bevor ich an die Arbeit gehe. Den Roman, den ich jetzt schreiben will, den gibt es schon. Ich muß ihn jetzt nur aufschreiben, ich muß versuchen, »dieses Ding« jetzt in die Form zu bannen, die mir eingefallen ist. Deshalb spreche ich immer vom »Erlösen« eines Stoffes aus dem Chaos.

LENZ
Wenn ich es also zusammenfassen darf, und ganz besonders das, was Sie zuletzt sagten, dann ist Phantasie nicht gleichbedeutend mit Auflösung, mit Formlosigkeit, mit Beliebigkeit, sondern im Gegenteil: sie manifestiert sich am deutlichsten in der gegebenen Form, in einer Organisation und Ordnung, die im Gegensatz steht zu allem anarchischen Gewoge.

KEMPOWSKI
Mir fällt noch ein anderes Bild ein. Als Macher – diesen

abwertenden Ausdruck möchte ich mal hier verwenden
– oder besser: als Machender habe ich immer den Eindruck, ich gieße Zinn in eine Form, die ich zwar nicht
kenne, die aber schon vorhanden ist. Die Geschichte, die
ich erzähle, ergießt sich in eine Form bis in die letzten
Verästelungen; die Schwierigkeit dabei ist, daß *ich* die
Form erfühlen, ertasten muß. Und wenn ich irgendwo
nicht aufpasse, dann fehlt etwas. Dann ist das mein Fehler, der nicht – nie wieder – gut zu machen ist. Hier
kann man von Versündigung an der Form sprechen, von
Schludrigkeit, von mangelnder Sensibilität. Deshalb
muß man die »Story« als eine Herausforderung begreifen, die durch die Phantasie gemeistert sein will.

*Das Gespräch wurde am 15. November 1981 in Nartum, im
Hause von Walter Kempowski, aufgezeichnet.*

Heinrich Böll

LENZ

Ich habe in der letzten Zeit einige deiner Bücher wieder-
gelesen, auch die ersten Geschichten wie »Kumpel mit
dem langen Haar«, »Der Mann mit den Messern«, »Mein
teures Bein«, »An der Brücke« – alte Geschichten.
Merkwürdig genug. Doch ich fand nicht nur den Inhalt
der Geschichten wieder, sondern auch mich selbst, wie
ich damals war, vor dreißig Jahren, als ich diese Geschichten zum ersten Mal las. Empfindungen und Reaktionen hatten sich erhalten und kehrten bei der zweiten
Lektüre prompt wieder. Und wie damals schon erschrak
ich auch jetzt ein bißchen. Erschrak beispielsweise bei
dem »Mann mit den Messern«. Ein leichtes Erschrecken
war es. Ich fragte mich, wie kommt es, woher kennt
Heinrich Böll deine Verzagtheit, woher kennt er deine
Trauer, deinen Kumpel, deinen Lehrer womöglich? Ich
fühlte mich durch eine erfundene Geschichte plötzlich
ausgelegt. Sie zeigte mir: du mußt deutlicher leben. Mit
Hilfe eines erfundenen Schicksals hatte ich meine eigene
Situation wiedergefunden. Das ist eine schwierige Situation, in der sich »Der Mann mit den Messern« gerade befindet, nicht wahr?

BÖLL

Permanent schwierig.

LENZ

Und obwohl sie erfunden ist, zeigt die Situation, daß
Realität sich zusammenfassen läßt in einem einzigen

Bild, in einer einzigen Metapher. Was geht vor beim Lesen? Was geht vor, daß sich anhand eines fremden Schicksals – ich bin ja nie in dieser Situation gewesen, habe sie weder erlebt noch erlitten – die eigene Phantasie mobilisiert, daß man sich in ein fremdes Schicksal versetzt und plötzlich merkt: das bist du, oder der könntest du sein? Was ist das für ein Vorgang, für ein merkwürdiger oder sogar geheimnisvoller Vorgang, das Lesen?

BÖLL
Den Vorgang kann ich nur als Leser erklären, nicht als Autor.

LENZ
Damit fängt also alles an.

BÖLL
Natürlich!

LENZ
Mit dem Lesen.

BÖLL
Ja, und ich denke mir, daß die Vorstellungskraft, die Phantasie durch Lesen geschult beziehungsweise mobilisiert wird. Und jetzt, wo du mir dein Empfinden als Leser schilderst, meine ich, daß man Vorstellungskraft, Phantasie zum Unterrichtsfach erklären müßte, bevor man den Menschen etwas zu lesen gibt. Zum Unterrichtsfach Geschichte zum Beispiel. Der Lesevorgang ist ja wohl ein Vorgang der Versetzung, nicht wahr? Ich als

Autor versetze den Leser, und der Leser versetzt sich in eine bestimmte Situation. Ich weiß nicht, ob das pädagogisch möglich ist, aber vielleicht sollte man den Vorgang der Versetzung auch üben.

LENZ

Das kann natürlich verhängnisvolle Folgen haben. Ich denke gerade an Flaubert, der sich so versetzte, als er für die Bovary einen Tod erfand, daß er sich tagelang übergeben mußte, nachdem er sich entschlossen hatte, ihr Strychnin zu verabreichen.

BÖLL

Ich meine nicht den Autor, sondern den Leser. Zum Verständnis der Welt – ich drücke das sehr generell aus – ist diese Versetzung, glaube ich, unumgänglich. Ich versetze mich, sagen wir, in einen Gleichaltrigen, der im selben Jahr wie ich in Leningrad geboren ist oder in Mexiko, um einen kosmischen Zusammenhang über Zeit, Geschichte, das, was einem widerfährt, zu finden. Das meine ich mit Versetzung. Was im Fall der Geschichte Zurückversetzung wäre und im ersten Fall Versetzung in mich selbst. Wir schrecken oft genug vor uns selbst zurück.

LENZ

Wie ist es – müssen Leser und Autor über einen vergleichbaren Erfahrungsschatz, Erfahrungshaushalt verfügen, damit es zu dieser Versetzung oder Selbstversetzung kommen kann? Muß man Erfahrungen teilen, damit das überhaupt möglich ist? Damit Phantasie dem Leser erlaubt, dem Autor so nahe wie möglich zu kommen?

BÖLL

Ich glaube nicht, daß Erfahrung eine sehr große Rolle
spielt, weil viele Menschen so viel erfahren, erlitten, erlebt haben, was sie gar nicht bewegte, und was auch
ihre Phantasie nicht mobilisiert hat. Denk doch zum
Beispiel an den Krieg! Millionen Menschen haben ihn
erlebt, auf die eine und die andere Weise, auf der einen
und der anderen Seite. Sie haben in Gefangenschaft not-
gedrungen fremde Länder gesehen. Viel ist nicht heraus-
gekommen bei dieser Erfahrung. Vielmehr scheint mir,
daß Phantasie, daß Vorstellungskraft, daß Versetzungsmöglichkeit eine geistige oder auch sinnliche Arbeit ist,
die wenig mit Erfahrung zu tun hat. Nehmen wir die
Geschichten von Hemingway, die mich sehr beeindruckt und beeinflußt haben. Diese Stierkämpferge-
schichten, diese Jungen da im Hotel, die Stierkampf
üben! Ich bin das absolute Gegenteil von einem Stier-
kämpfer und habe mich doch mit ihnen identifizieren
können. Ich habe auch gar keine Erfahrungen im
Kampf oder im Kampfsport. Über Erfahrung müßte
man wohl gesondert reden. Aber mit Phantasie gepaart
spielt sie kaum eine Rolle.

LENZ

Da bin ich nicht so sicher, wenn ich an deine Erfahrungen denke und an ihren Niederschlag in deinen Büchern.
Eine enorme Erfahrung, die von der Erfahrung des Krieges, des Hungers, der Not bis zu ganz präzisen Erfahrungen, sagen wir der Kranzflechterei oder des Militärwe-
sens geht. Wenn ich mir vorstelle, zu welchen Schlußfolgerungen ein junger Mensch heute kommen müßte, der
diesen konkreten Erfahrungshaushalt eben nicht hat,

dann ist doch das Lesen ein ausgesprochenes Wagnis, nicht wahr? Man kann verändert werden, oder man kann zu Eindrücken kommen, die der Autor einfach nicht vorgesehen hat.

BÖLL
Natürlich! Es gibt viele Möglichkeiten des Mißverständnisses. Kein Autor weiß, was er anrichtet.

LENZ
Ist er verantwortlich für die Mißverständnisse, die er auslöst?

BÖLL
Ja. Und möglicherweise auch für das Unheil, das daraus entsteht.

LENZ
Ich frage mich in diesem Zusammenhang, was ein Satz von dir bedeutet, der mir sehr zu denken gegeben hat. Du hast mal gesagt, daß du in deinen Büchern ohne viel Wirklichkeit auskommst. Heißt das, daß konkrete Erfahrung nicht die Rolle spielt, die man bei einem Autor wie dir voraussetzt?

BÖLL
Konkrete Erfahrung im Sinne von Recherchen oder Studien spielt bei mir keine große Rolle. Ich will versuchen, dir das anschaulich zu machen. Ein emeritierter Professor an der Universität Köln hat mir mal erzählt, daß er von einem Tag auf den anderen von seinen Kollegen nicht mehr gegrüßt wurde, nämlich vom 30. auf den 31.

Januar 1933. Dieses Detail, hinter dem sich Hunderte von Problemen, Konflikten, Fakten verbergen, würde mir genügen, einen Roman zu schreiben oder einen Roman zu erfinden, um dieses Faktum herum. Wobei ich natürlich wissen muß, wie so ein Professor eingerichtet ist, welche Möbel er hat, und so weiter. Von einem solchen Detail ausgehend, kannst du die ganze Zeitgeschichte aufrollen – mit Phantasie, mit Vorstellungskraft. Konflikte ergeben sich von selbst. Sagen wir, der Sohn des Professors ist verliebt in die Tochter eines anderen, der noch an der Universität ist. In diesem Sinne brauche ich wirklich keine Details. Was sich daraus ergibt, was sich entwickelt, nehme ich selbst in die Hand.

LENZ

Du hast mal dieses Bild gebraucht: man nimmt einen Finger, fährt über eine Landkarte: Rußland, Sibirien! Natürlich weckt das sofort ganz bestimmte Erinnerungen, Assoziationen. Man erinnert sich an düstere Schicksale, an Kriege, an Kriegsgefangenschaft, Bergwerke, an Verschollene und ich weiß nicht was. Gehört aber nicht zu dieser fast unwillkürlichen Belebung der Phantasie, daß man vorher Kenntnisse hat, welch ein schicksalshaltiger Raum das ist? Kann man das voraussetzen? Man müßte die Kenntnisse doch haben, oder?

BÖLL

Da gibt es Möglichkeiten, auch durch Lektüre, die sehr viel wichtiger sein können als die Erfahrung, über die wir gesprochen haben – weil eben die Vorstellungskraft oder die Phantasie oder die Versetzungsmöglichkeit, wenn sie geübt sind, viel mehr bringen, als die direkte Erfahrung.

Ich glaube, es gibt zwei verschiedene Arten von Literatur, die beide berechtigt sind. Da ist der, sagen wir, absolut realistische Autor wie etwa Tschechow, den ich großartig finde, immer größer, immer besser im Vergleich zu anderen, je länger ich als Autor existiere und ihn lese. Und es gibt den Vorstellungsautor, der die Erfahrungen nicht braucht. Diese beiden Autoren gibt es. Ich habe das sehr vereinfacht ausgedrückt, diese zwei Strömungen in der Literatur. Wobei Flaubert, über den wir sprachen, zu den ersteren gehört. Es ist klar, daß dies nicht die einzigen Möglichkeiten zu schreiben sind.

LENZ

Ich habe mit verschiedenen Kollegen über das Thema Phantasie und über das Verhältnis der Kollegen zur Phantasie gesprochen. Dabei zeigten sich interessante Unterschiede. Pavel Kohout zum Beispiel erzählte, wie er mit Hilfe der Phantasie am Zensor vorbei ein gewisses Einverständnis mit einem lesenden Publikum – oder Auditorium in seinem Fall – herstellen kann, indem er Realität so verschlüsselt, daß sie unbelangbar oder jedenfalls im Resultat unbelangbar wird. Literatur wird am Zensor vorbeigeschmuggelt. Günter Grass hat unter anderem sehr bekenntnishaft gesagt, wie er sich mit Hilfe der Phantasie gegen eine ihm unerträglich scheinende soziale Situation wehren konnte, und Kempowski bekannte, wie er mit Hilfe der Phantasie eine Haftzeit überstand beziehungsweise sie erträglich machen konnte. An deine Bücher denkend, von »Der Zug war pünktlich« bis zur »Fürsorglichen Belagerung«, habe ich das Gefühl

– jetzt sehr grob und etwas schematisch gesagt –, daß du mit Hilfe deiner Phantasie in ungewöhnlich pünktlicher Weise – ich nehme das Wort noch einmal auf – auf Ereignisse reagiert hast, auf Zustände, auf Situationen und Lagen. Das läßt sich fast an den Titeln und natürlich an den Inhalten deiner Bücher nachweisen. Kann man deine Phantasie als eine Art Widerstand gegen die Zeit ansehen, oder ist sie ein Mittel, um der Zeit zu begegnen?

BÖLL
Beides. Aufnahme der Zeit, ja? Spüren, was los ist, sehr grob gesagt, und daraus Widerstand entwickeln. Ich denke mir, daß Schreiben, Malen, alle Tätigkeiten, die man künstlerisch nennt, ohne Widerstand gar nicht möglich sind. Wobei also Widerstand gar nicht im Sinne von aktivem Partisanentum zu verstehen ist, sondern als innerer Widerstand.

LENZ
Oder es kann ja, wenn ich unterbrechen darf, auch eine Art Verweigerung sein, wenn ich so an deine Personen denke, an die Bogners, an die Fähmels, die einfach nicht mitmachen, die darauf bestehen, mit ihren Erfahrungen, Beschädigungen oder Verletzungen, mit ihren Einsichten zu leben, und die mit Hilfe ihrer Phantasie nichts anderes tun, als Formen der Verweigerung vorzuführen, um damit eine andere Möglichkeit der Existenz zu zeigen.

BÖLL
Ja, Widerstand und Verweigerung sind verwandt, sogar

sehr verwandt. Und ich finde, daß der größere Teil unserer Zeitgenossen leider allem widerstandslos gegenübersteht. Und die Versetzung, ich komme noch einmal darauf zurück, für einen jungen Menschen, der heute verstehen will, was 1933 hier passiert ist, bestände darin, sich selber zu prüfen, wie sehr er unserer Zeit und ihren Strömungen widersteht, um zu verstehen, wie wenig damals widerstanden worden ist. Das betrifft alle Systeme. Wir denken bei Widerstand immer nur an Widerstand gegen Entwicklungen, ökonomische, politische, militärische Entwicklungen. Wir denken immer nur an Diktaturen. Den Widerstand in der Demokratie haben wir noch nicht entdeckt. Wir denken immer nur an Diktaturen oder totalitäre Systeme, während wir doch auch innerhalb der demokratischen oder republikanischen Systeme Campagnen ausgeliefert sind, die wir gar nicht merken. Wenn ich meinen Kindern zu erklären versuche, was 1933 passiert ist, wie widerstandslos im Grunde das deutsche Volk dem Faschismus verfallen war, kann ich ihnen das nur erklären, indem ich sie bei ihrer heutigen Situation packe. »Widersteht ihr dem Konsum?« frage ich zum Beispiel. Widerstand in diesem Sinne, finde ich, ist die einzige Existenzmöglichkeit. Jedenfalls das Gegenteil davon ist, widerstandslos alles mitmachen. Aber um Widerstand zu leisten, dazu gehört eben Phantasie. Dazu gehört das, was ich »Versetzung« nenne, Vorstellungskraft. Nehmen wir ein anderes Beispiel. Ich sehe immer auf der Startbahn West Kinder Rollschuh laufen. Das wäre ja doch eine friedliche Lösung: bißchen Gras wachsen lassen, Rollschuh laufen, ein paar Radfahrer. Eine sehr teuer bezahlte Rollschuhbahn allerdings.

LENZ

Das Bild ist schon Widerstand.

BÖLL

Ja, ja, natürlich – auch ein Widerstand. Widerstand, übernommen, sagen wir, von der Natur. Ein Baum braucht dreißig – vierzig Jahre, um überhaupt ein rechter Baum zu werden. Deswegen ist das Fällen von Bäumen zu einem solchen Zweck wirklich nahe am Kriminellen. Oder andere Phantasiearbeit: zu denken, sich vorzustellen, was in dem Augenblick, wo wir hier sitzen, an Rüstungskapazität in der ganzen Welt erstellt wird, also Tötungs- und Vernichtungspotential. Denn darüber muß man sich klar sein, Rüstung ist nichts anderes. So sehe ich die Arbeit, also die Pflicht zur Phantasie innerhalb der Zeit, in der ich lebe, innerhalb der Zeitgenossenschaft, die ich erlebe.

LENZ

Phantasie und Zeitgenossenschaft. Die Lieblingszeit der Phantasie ist die Vergangenheit, allenfalls die Zukunft, kaum aber die Gegenwart. Charakteristischerweise etwas, was schon Jean Paul festgestellt hat. Er hatte Gründe dazu. Es ist ja besonders schwierig, wenn die Phantasie auf Gegenwartslagen reagiert, wenn methodisch eingesetzte Phantasie Einspruch erhebt, verwirft, kritisiert oder aber im Roman, in der Erzählung Gegenmodelle, Gegenhaltungen vorstellt. Denn die Gegenwart ist im Unterschied zur Vergangenheit oder zur Zukunft unabsehbar, undurchsichtig, während die Vergangenheit mit Hilfe der Phantasie sich schon anders bewirtschaften läßt. Du hast gezeigt, wie man fortwährend mit Hilfe der Phantasie in eine Gegenwart einsprechen kann. Wie macht man das? Konkret an einem Beispiel gefragt: wie fällt einem so etwas wie Doktor Murke ein?

BÖLL
Das weiß ich nicht mehr. Das ist schon lange her.

LENZ
Setzt sich das zusammen . . .

BÖLL
Das ist so lange her. Ich weiß es nicht mehr. Es ist einfach ein ganz simpler Einfall in einer Welt, die dauernd schreit, die laut ist und schon damals laut war und heute noch lauter ist. Ja, das war es: dem Schweigen einen Altar zu bauen, sehr grob gesagt.

LENZ
Aber es kommt doch da so vieles zusammen.

BÖLL
Das ist eine Frage der Plazierung. Der Einfall ist das gesammelte Schweigen. Und zwar das, was man heute »echtes« Schweigen nennen würde, nicht einfach Stille. Jemand hört keine Platten und Bänder. Ich finde es furchtbar, daß man überall Musik hört, überall wo man hinkommt. Also erfand ich jemanden, der sucht und sammelt Schweigen. Ich habe zwei Jahre gebraucht, um zu wissen, wo diese Geschichte hingehört: in ein Funkhaus nämlich, ganz simpel. Geschrieben habe ich das Ganze an einem Tag. Wenn ich die Elemente zusammen habe, muß eine Sache richtig da eingepflanzt werden, wo

sie hingehört. Man hat ja viele Einfälle, die verschwinden, weggehen. Ich notiere sie gar nicht mehr, wenn ich nicht den Boden finde, in den sie gehören. Bei dieser Geschichte, die ja sozusagen schon Opas Kurzgeschichte ist, fielen mir das Personal, der Ort, die Umstände ganz plötzlich ein, und da habe ich sie geschrieben. Die Arbeit war das Nachdenken. Wie überhaupt für mich – ich weiß nicht, wie es dir geht oder anderen Kollegen – das Schreiben das Wenigste ist. Die Arbeit liegt vor dem Schreiben. Die Leute fragen immer: woran arbeiten Sie? Dann sage ich: schreiben tue ich im Moment nicht, aber ich arbeite. Das ist sehr schwer zu erklären.

LENZ
Es ist jedenfalls sicher, daß ein Schriftsteller auch dann arbeitet, wenn er nicht schreibt.

BÖLL
Wenn ich schreibe, ist die Arbeit fast schon getan.

LENZ
Darf ich noch einmal auf Murke zurückkommen? Der Grundeinfall ist das gesammelte Schweigen gegen den Lärm . . .

BÖLL
Gegen den Lärm der Welt, sehr grob und sehr plakativ gesagt.

LENZ
Und bevor du dir ein Personal suchst, das diesen Einfall austrägt, kommt zunächst einmal der Ort.

BÖLL

Nein. Zunächst ist das Schweigen da, dann die Person. Dann umgibt sich diese Person mit weiteren Personen, und dann kommt die Plantierung, wie ich es nenne, in dieses Milieu.

LENZ

Was bedeutet der Ort in diesem Fall? Wenn ich so denke, viele deiner Geschichten spielen in Köln, viele Romane, meist ist es Köln. Dieser Ort wirkt manchmal ungeheuer klar und dann wieder ganz bodenlos. Der bleibt sich nie gleich, eine Topographie, die ständig wechselt, sehr ambivalent ist. Muß man den Ort für jeden Einfall neu erfinden, oder kann man auf ihn zurückgreifen als, sagen wir, selbstverständlichen Besitz?

BÖLL

Nein, das kann man nicht. Auch glaube ich, obwohl atmosphärisch, topographisch das meiste in Köln und Umgebung spielt, habe ich Köln nie beim Namen genannt, weil mir das zu realistisch ist, weil es Köln gar nicht gibt, verstehst du? Da gibt es einen Ort, der diesen Namen hat, das wissen wir alle, so wie es Bremen gibt und Hamburg. Aber als literarischer Ort, als Ort meiner Phantasie, sind viel wichtiger: eine bestimmte Straße oder eine Person in einer Straße. Und Köln ist dann als benannter Ort vollkommen unwichtig. Es ist nur die Landschaft, das Niederländische, das Niederrheinische, das für mich sehr wichtig ist. Ich empfinde mich als sehr niederländisch, ja, weil nördlich von Köln schon die große Ebene anfängt. Nein, der Ort als benannter Ort ist unwichtig. Wichtig ist die Straße oder ein Platz, vielleicht auch eine Kirche, die man dann aber nicht beim richtigen Namen nennen darf. Wenn ich also an St. Severin denke oder an andere Kirchen in Köln, die für mich eine große Rolle gespielt haben, würde ich sie nie beim Namen nennen. Ich gebe so einer Kirche einen Namen wie Fandadan oder so. – Natürlich lebst du aus dieser Umgebung, aus dem Angesammelten, was sich da alles ereignet hat.

LENZ
Geschichte also . . .

BÖLL
Ja, Geschichte natürlich auch, aber nicht als Kenntnis exakter Wissenschaft, sondern nur als Element. Da sind nun mal die römischen Klamotten und die Knochen und die Münzen. Aber das ist nicht wichtig. Ich bin gar nicht so auf das realistische Detail erpicht, wie es manchmal wirkt.

LENZ
Das überträgt sich natürlich auch auf andere Ebenen. Wenn du zum Beispiel versuchst, die Stadt Leningrad zu beschreiben, dann ist es auch keine konkrete Stadt, sondern du durchschaust sie bis zur frühen Gründung in den Sümpfen. Es beginnt mit Fragen nach vermutbaren Schicksalen.

BÖLL
Und Vergangenheit, Gegenwart und Zukunft. Die Gegenwart ist ja eigentlich eine Fiktion. Jetzt im Moment ist Gegenwart, alles andere ist schon Vergangenheit, vor

fünf Minuten . . . Und wir laufen in die Zukunft hinein. Die Gegenwart geht immer in die Zukunft über. Ich empfinde die Versetzung in die Vergangenheit schon sehr wichtig – aber nicht auf dem Wege der, wie ich finde, täuschenden Nostalgie. Ich sehne mich nicht zurück nach bestimmten Zeiten, die ich erlebt habe, sondern, wenn ich mich in die Vergangenheit versetze, dann erlebe ich Gegenwart und fürchte die Zukunft. Aber die Gegenwart ist eigentlich eine Fiktion. Der Augenblick, in dem wir jetzt sprechen, ist schon weg, ist schon Vergangenheit. Wie lange das her ist, ist im Grunde egal, ob fünf Minuten oder dreißig Jahre. Als Erlebnisfaktor können die fünf Minuten hinter mir wichtiger sein, als die dreißig Jahre. Jedenfalls muß ich mich in die Vergangenheit versetzen können und in die Zukunft.

LENZ
Ich meine, wann immer wir uns entscheiden, tun wir es in der Gegenwart, aber im Hinblick auf eine Zukunft. Aber alle Entschlüsse, die wir treffen, benötigen Phantasie: wie werden sie wirken, wie werden sie aufgenommen, welche Geltung werden sie haben, morgen, übermorgen, im nächsten Jahr.

BÖLL
Es ist wohl so, daß viele politische und ökonomische Irrtümer oder Fehlentscheidungen darauf beruhen, daß sie in einer *fiktiven* Gegenwart für *diese* Gegenwart gefällt werden, die schon übermorgen keine Gegenwart mehr ist. Bestimmte Bauvorhaben, Planungen, die auf dem Status von heute oder morgen getroffen werden, sind in fünf Jahren längst überholt. Wir können es überall beob-

achten, daß die Gegenwartsgläubigkeit eigentlich ruinös ist. Alles ist immer auf den Tag oder den heutigen Stand bezogen. Phantasie in der Politik, Vorstellungskraft könnte auch gelehrt werden.

LENZ
Ja, das glaube ich auch.

BÖLL
Auch in der Ökonomie, der Volkswirtschaft.

LENZ
Andererseits gibt es aber auch unter unseren Kollegen viele, die mutlos geworden sind, wenn man über Chancen und Wirkung der Literatur spricht. Das heißt also auch über die Wirkung der Phantasie. Bezeichnenderweise sind das Kollegen, die sehr früh den Tod der Literatur proklamiert haben, den Tod der Literatur im wissenschaftlichen Zeitalter. Man hat die Chancen verglichen, die Wissenschaft und Literatur heute noch haben, und darauf hingewiesen, wie ungleich diese Chancen sind. Der konkrete Wissensbestand verdoppelt sich alle sieben Jahre.

BÖLL
Fakten . . .

LENZ
Fakten, Daten verdoppeln sich in den Naturwissenschaften alle sieben Jahre, während wir immer noch über »Hochzeitsvorbereitungen auf dem Lande« schreiben, über »Haus ohne Hüter«, über »Hundejahre«. Es ließe

sich fortsetzen. Man vergleicht dieses Wissen oder diese Informationen, die die Wissenschaft uns zuträgt, mit dem Wissen, das aus der Literatur kommt. Das ist wohl nicht ganz gerechtfertigt. Die Zeit der heiligen Trinität, als Religion und Dichtung und Wissenschaft noch eine Einheit bildeten, ist vorbei. Längst hat sich alles voneinander emanzipiert oder ist irgendwie auseinandergefallen. Welche Chancen hat denn nun die Literatur oder die Phantasie wirklich im wissenschaftlichen Zeitalter?

BÖLL
Ich glaube, daß die Phantasie in die Wissenschaft hinein muß und umgekehrt vielleicht manche wissenschaftliche Erkenntnis in die Phantasie.

LENZ
Das hat Brecht auch gefordert.

BÖLL
Ja, von der Literatur. Mit der ihr gegebenen Phantasie sollten wissenschaftliche Erkenntnisse verarbeitet werden. Ich sehe das gar nicht als Gegensatz. Wenn ich über bestimmte Dinge lese, über genetische Forschung oder ähnliches, über Computer und dergleichen, dann denke ich, daß die Literatur das übernehmen sollte – während gleichzeitig die Wissenschaft mehr Phantasie entwickeln muß. Es gibt ja Ausnahmen. Sicher ist, daß ein Mann wie Heisenberg eine ungeheure Phantasie hatte und in manchen seiner Gedanken schon fast ins Metaphysische überging, also gar nicht mehr im Exakten blieb. Da ist, glaube ich, der Sprung. Vielleicht sollte die Literatur, vorsichtig ausgedrückt, zur Metaphysik zurückfinden.

Nicht dieses Sich-erdrückenlassen von Fakten. Wir wissen zuviel und wissen gar nichts, wenn wir nur Fakten sammeln. Wir sind ja keine Statistiker. Statistik ist eine sehr wichtige Disziplin, aber wir sind keine Statistiker.

LENZ
Aber um zu Gesetzmäßigkeiten zu kommen und einen Einblick in die Gesetzmäßigkeit bestimmter Vorgänge zu erhalten, sind wir doch auf Daten angewiesen, auf Fakten, im Unterschied zur Literatur, die natürlich eine ganz andere Erkenntnis vermittelt: die Erkenntnis der Vorläufigkeit, des Ambivalenten, des Vagen, des manchmal Unwiederholbaren, in jedem Fall des Risikohaften. Da ist keine Gesetzmäßigkeit drin.

BÖLL
Oder eine nicht mehr lineare, sondern eine explosionsartige Gesetzmäßigkeit, wie in manchen wissenschaftlichen Erkenntnissen. Aber du kannst ja auch Fakten mit Phantasie betrachten.

LENZ
Einen Mikrosensor, zum Beispiel. So ein kleines Ding mit 200 000 Informationen. – Ich frage mich, wieviel soziales Schicksal an einem daumennagelgroßen Instrument hängt.

BÖLL
Ungeheurer Stoff. Aber es geht auch simpler. Nehmen wir ein Beispiel wie: sechs Prozent Wachstum. Ja, da mußt du nur ausrechnen, daß das in sechzehn oder siebzehn Jahren hundert Prozent sind! Also elementares

Rechnen genügt schon, um den Wahnsinn des Wachs-
tumsglaubens zu erkennen. Was wir heute erleben, unsere Schwierigkeiten mit Arbeitslosen, der mögliche Zu-
sammenbruch des sozialen Netzes und so weiter – das
ist ja doch nur der Phantasielosigkeit von Wachstums-
gläubigen zu verdanken. Die das vor zehn Jahren immer
weitergerechnet haben, haben nicht bedacht, daß vier
oder fünf Prozent in zehn oder zwanzig Jahren hundert
Prozent sind. Stell dir das vor, Siegfried: hundert Prozent, das ist eine irre Sache. Wobei die Rechnung ganz
simpel gewesen wäre. Ich denke, daß wir Fakten schon
brauchen, so wie ich manches geschichtliche oder erlebte Detail brauche. Aber das muß ich weiterdenken, weiterdenken. Insofern bin ich auf Wissenschaft, auf Statistik und bestimmte soziologische Erkenntnisse angewiesen. Aber vielleicht wären die Wissenschaftler ganz gut
beraten, wenn sie auch ein bißchen Phantasie übernäh-
men und sich überlegten, was alles angerichtet werden
kann, wenn sich alles nur auf Fakten gründet und die
Phantasie ausgeschlossen wird. Um gerecht zu sein, es
gibt ja den Vorgang der Reue bei der Atomwissenschaft.
Das hat früh angefangen. Ich glaube, Oppenheimer hat
gesagt: die Naturwissenschaft hat die Sünde kennengelernt. Da kommt ein metaphysischer Begriff in natur-
wissenschaftliches, experimentelles Denken hinein. Ich
sehe das nicht getrennt, Wissenschaft und Literatur. Die
Theologie auch nicht, die müßte dazukommen.

LENZ
Eine wünschenswerte oder wünschbare Rückkehr zur
klassischen Einheit.

BÖLL

Eine Rekonstruktion fände ich gut. Man sollte überhaupt trinitarisch denken. Wir denken immer nur in zwei Möglichkeiten. Das ist dumm.

LENZ

Es gäbe natürlich einige Schwierigkeiten mit der Trinität. Wenn man sich in Erinnerung ruft, welcher Art die verschiedenen Wünsche nach Erkenntnis in der Literatur sind, da also, wo die Phantasie alles Nötige einbringt, und wie anders das in der Wissenschaft ist. In der Wissenschaft: unbedingtes Erkennen, aus dem man gesetzmäßig folgern, schließen kann; in der Literatur dagegen: subjektives Erkennen, vorläufiges Erkennen, ungarantiertes Erkennen, das immer widerrufbar ist. Das zu vereinigen, ist doch wohl sehr schwierig.

BÖLL

Es müßte trotzdem versucht werden, weil die Zweierbahn, der Dualismus, zu nichts führt.

LENZ

Und keine Bahn mehr übrigläßt.

BÖLL

Er läßt keine Bahn mehr übrig und den Menschen auch keine Wahl.

LENZ

Das kann man natürlich ausdehnen.

BÖLL

Ja, man kann es auf die ganze Welt ausdehnen. Diese permanente Kontroverse, vereinfacht gesagt, zwischen Sozialismus und Kapitalismus. Das »Dritte«, ich nenne das jetzt einfach so, fehlt auf beiden Seiten. Deshalb sehe ich gar keinen dritten Weg. Das nenne ich trinitarisch.

LENZ

Grass hat das einmal sehr schön zusammengefaßt, indem er sagte: »Mein Haus hat zwei Ausgänge. Ich wähle den dritten.«

BÖLL

Das kannst du sogar auf das Verhältnis der Geschlechter übertragen. Natürlich gibt es Männer und Frauen. Das wissen wir. Aber ich glaube, das jeder auch das »Dritte« in sich hat. Nicht das Hermaphroditische, sondern permanente Veränderung und Wechsel. Was heißt männlich, was heißt weiblich? Ich weiß das bis heute nicht. Ich kann das nicht definieren. Ich bin natürlich auch, ich sage es kühn, ich bin auch weiblich: entschuldige – ja, möglicherweise. Weil das, was zur permanenten Konfrontation zwischen Männern und Frauen führt, Frauen und Männern, Sozialismus und Kapitalismus. Deshalb denke ich immer an das »Dritte«, auch in der Literatur. Das macht es manchmal schwer. Es ist sehr einfach – oder jedenfalls leichter –, die vorhandene Realität einfach als gegeben hinzunehmen und die Zweibahnigkeit und die Konfrontation, weil die auch den Konflikt bringen. Und wir brauchen Konflikte. Aber deshalb kann ich trotzdem nicht nur Alternativen zwischen Wissenschaft und Literatur akzeptieren, oder zwischen Theologie und Wissenschaft oder Literatur und Theologie.

LENZ
Literatur und Theologie – beide können sehr unterhaltsam sein.

BÖLL
Sagen wir, nicht langweilig.

LENZ
Nicht langweilig.

BÖLL
Das ist, glaube ich, das Entscheidende. »Unterhaltung« ist ein . . .

LENZ
. . . ein sehr belasteter Begriff . . .

BÖLL
. . . ein völlig belasteter und auch gar nicht definierbarer Begriff. Nicht langweilig, ein sehr wichtiges Stichwort. Es gibt theologische Schriften, die mich nicht langweilen, die mich unterhalten oder in Spannung halten. Es gibt literarische Arbeiten, die mich langweilen, die mich nicht in Spannung halten. Aber der Begriff Unterhaltung ist leider noch gar nicht definiert. Was unterhält dich, was unterhält mich, was unterhält die Leute, die Unterhaltung verlangen und dauernd gelangweilt werden? Bestimmte Formen von Unterhaltung im Fernsehen zum Beispiel langweilen mich zu Tode. Dann lese

ich Beckett und bin gespannt wie ein Verrückter. Ja, ich lese Romane von Beckett! Da kann ich gar nicht aufhören, so unterhalten bin ich davon. Das ist ein Kapitel: Unterhaltung! Die Unterhaltungsindustrie produziert keinen Widerstand. Man kann dem Publikum, dem Leser, dem Zuschauer nicht immer entgegenkommen. Das muß ihn langweilen. Er muß Widerstand spüren, und derjenige, der sich produziert, muß Widerstand ausstreuen. Keine Feindschaft, Widerstand. Widerstand, auch im Ohm'schen Sinne.

LENZ

Vielleicht kann die Phantasie auch darin ihre Chance sehen, daß sie dem Anspruch der Wissenschaft entgegentritt, unser Leben total auszulegen, zu definieren und zu bestimmen. Aber ich weiß nicht – wenn man daran denkt, in welcher Weise Mikrobiologie und Physik, in welcher Weise Soziologie und die neue Mathematik unser Leben fest im Griff zu haben glauben, dann muß sich die Phantasie natürlich dürftig und arm und belämmert vorkommen, auf jeden Fall weit im Hintertreffen.

BÖLL

Finde ich gar nicht. Es gibt immer noch einen Winkel, der nicht beleidigt werden kann. Unser großer Kollege Orwell zum Beispiel müßte uns viel mehr beschäftigen, wobei ich mir vorstelle, daß die Orwell'sche Vision zwar zutrifft, aber gleichzeitig auch widerlegt ist. Wenn wir total beobachtet werden, wie er das geschildert hat, dann ist das für die, die uns beobachten, am Ende sinnlos. Es bringt ihnen nichts mehr.

LENZ
Alles bloß Bluff?

BÖLL
Ja, ja! Bitte schön, kann man nur sagen, bitte, hört mich
am Telefon ab.

LENZ
Na ja, aber die »Großen«, oder die sich groß dünken, setzen voraus, daß wir, selbst wenn sie uns ständig auf dem
Bildschirm beobachten, immer noch kleine dunkle Ek-
ken finden, Reservate schaffen, in denen etwas Unge-
heuerliches, Konspiratives geschieht – in der Familie
beispielsweise. Der alte Argwohn!

BÖLL
Vor allen Dingen die Liebe ist dann sehr gefährlich.

LENZ
Das hat man ja zur Zeit der Inquisition in Spanien erlebt, wo die Erlaubnis zur Liebe eingetrommelt worden
ist. Und in ähnlicher Weise haben sich Mao Tse-tung
und andere fast gesetzmäßig zu der Annahme gezwungen gesehen, daß die Familie den größten Widerstand bei
dem Versuch darstellt, den Menschen zu beherrschen.
Das ist der konspirative Ort, hier geschieht Unerhörtes,
Unerlaubtes, nicht Einsehbares.

BÖLL
Wenn also das Intimste auch kontrolliert wird, bleibt
nur noch, mit der Physiognomie alles auszudrücken, so-

zusagen mimisch Konspiration zu üben. Niemand
braucht dann mehr zu sprechen.

LENZ
Ein mimisches Alphabet der Konspiration wird erfunden.

BÖLL
Ja, ja. Du mußt dann die Gesichter der Menschen ganz
genau beobachten. Was verbirgt sich hinter dieser Physiognomie, was hinter jener? Also bleiben noch Aus-
weichmöglichkeiten.

LENZ
Zusammengenommen: einen Grund zur voreiligen Mut-
losigkeit gibt es also innerhalb der Literatur für die
Phantasie nicht?

BÖLL
Nein, ich kann hier nichts entdecken. Vielleicht ist es
wirklich eine Generationsfrage, auch Altersfrage, in unserem Fall – weil wir so vieles und so oft überlebt haben, bleibt eine gewisse Hoffnung. Dennoch verstehe
ich die desperaten literarischen Äußerungen in der Gegenwart sehr gut. Verstehen bedeutet ja nicht viel. Aber
ich denke, daß noch Grund zur Hoffnung besteht, immer noch, sowohl was den Einzelnen betrifft, als auch
dem Ganzen gegenüber.

LENZ
Vor allen Dingen kann Literatur etwas vermitteln und
befördern, was Wissenschaft nicht kann, zu welchen Er-

kenntnismitteln sie auch immer greift. Aus meiner Erfahrung gesprochen: ich erinnere mich, welch ein Bild von den Deutschen nach dem Krieg im Ausland bestand, bestehen mußte aufgrund der Erfahrungen, die andere mit uns gemacht haben. Und da denke ich an die deutsche Nachkriegsliteratur, ich denke an deine Bücher, an die Bücher von Andersch, von Borchert, von Schnurre, um nur einige zu nennen; ich denke daran, wie die Literatur korrigierend eingriff. Das war natürlich keine kalkulierbare, keine spontane Wirkung, aber eine leise, gemächliche Langzeitwirkung, die darauf hinauslief, daß Menschen außerhalb unseres Landes allmählich ein anderes Bild von Deutschland, von den Deutschen bekamen. Diese Kenntnis, diese Vermittlung eines Wissens wird die Literatur immer behalten – oder bist du anderer Ansicht?

BÖLL
Ich glaube sogar, daß sie bessere Auskünfte über Länder und Kontinente vermittelt, als die Wissenschaft es je vermag. Wenn ich mir die südamerikanische Literatur anschaue – soweit ich sie kenne, denn sie ist ja ungeheuer vielfältig, von Sábato bis Asturias und Márquez –, dann bekomme ich durch diese Bücher eine Vorstellung von dem Kontinent und seiner Vielfalt. Es sind ja nicht nur Informationen, eben nicht, sondern seine spirituellen, seine sozialen, seine religiösen Vorstellungen werden deutlich, auch die Vermischung von Mythos und Religion. Ich komme noch einmal auf die Versetzung, über die wir vorhin sprachen, zurück. Ich versetze mich nach Südamerika, indem ich das lese, und vielleicht hat die deutsche Literatur, die Nachkriegsliteratur, die Nicht-

deutschen gezwungen, sich in einen Deutschen zu versetzen. Eine ungeheure Zumutung, wenn man bedenkt, wie wenig beliebt wir sind, waren und wahrscheinlich sein werden. Die Tatsache, daß auch Deutsche leiden, selbst wenn sie Faschisten sind, ist für die meisten Nichtdeutschen undenkbar. Ich erinnere mich an eine Situation, die mich verblüfft hat, als ich mal mit einem Amerikaner sprach, der irgendetwas von mir verfilmen wollte. Das wurde dann nichts, aber wir sprachen darüber. Ja, sagte er, hören Sie mal, ich habe bei Ihnen zum ersten Male erfahren, daß Sie auch gelitten haben. Ich antwortete ihm: Sie wissen doch, daß zum Beispiel unsere Städte bombardiert worden sind, und wie. Reden wir nicht über Schuld oder Unschuld, sondern einfach über die Tatsache, daß die Dinger da runterfielen. Glauben Sie denn, daß die Menschen da unten, auch wenn sie Deutsche, sogar wenn sie Nazis waren, darunter nicht gelitten haben? Da guckte er mich ganz erstaunt an. Ich möchte das fortführen. Sich in einen Deutschen zu versetzen, ist eine ungeheure Zumutung für die Welt. Im Augenblick sehr aktuell, lieber Siegfried, sehr aktuell, politisch, national und international. Und dann: ich versetze mich dauernd in Kommunisten, die ja wohl auch Menschen sind. Ich glaube, die gehören zur menschlichen Rasse. Dann erlebt man dauernd diese wirklich idiotischen Vorstellungen, daß Kommunisten keine Menschen sind. Diese Ansichten sind sehr weit verbreitet. Wobei dann noch zu bedenken wäre, ob die Leute, die in kommunistischen Ländern leben, wirklich Kommunisten sind. Der predikale Antikommunismus, der fundamentalistische, macht es schlechthin unmöglich, sich in einen Kommunisten zu versetzen oder in jemanden, der in einem kommunistischen Land lebt. Nimm so einen idiotischen Slogan wie »Lieber rot als tot!« Diese Frage ist ja nicht an uns gerichtet. Die müßte man an die Menschen richten, die in Ländern wohnen, die im Sinne des Slogans »rot« sind. Wollen die leben oder sterben? Ich glaube, die wollen leben.

LENZ
Diejenigen also, die keine Wahl haben.

BÖLL
Ja. Die im Sinne des Slogans unter »roten Umständen« leben. Die wollen offenbar leben, obwohl sie rot sind. So muß man den Slogan umdrehen. Mit einem bißchen Phantasie, nur einem bißchen Phantasie. Wir sind ja nicht so anspruchsvoll.

LENZ
Sicherlich nicht. Hier müßte wirklich die Phantasie die Politik beeinflussen. Wenn man seine eigenen Interessen bestimmt hat, muß man auch die Interessen und die Situation des Partners, des Gegenübers zu erkunden und zu bestimmen versuchen. So nur kann man paktieren: indem man Konflikte überhaupt erst offenlegt und bemißt.

BÖLL
Konflikte ergeben sich permanent, das weiß jeder. Wir müssen sie akzeptieren, erkennen und versuchen, sie ohne Konfrontation zu lösen. Es gibt ja keine, es kann gar keine Länder geben, ob Dänemark und Deutschland oder Amerika und Deutschland, deren Interessen kon-

gruent sind. Das gibt es nicht. – Aber ich denke noch über dieses »lieber rot als tot« nach, das eine idiotische Vorstellung vom Leben enthält. Vom Leben der Menschen, die unter »rot« leben und leben müssen und leben wollen.

LENZ
Wenn man das zur Alternative macht, verhöhnt man die, die nicht mehr wählen können, die verurteilt sind, so leben zu müssen. Unfreiwillig!

BÖLL
Vor allen Dingen stellt man sich vor, daß man dann nicht mehr leben kann. Selbst unter den schlimmsten Umständen leben die Menschen, wie viele, viele Berichte aus Lagern beweisen; und zwar leben in allen Dimensionen bis zur Liebesgeschichte, bis zum Humor. Es gibt dieses wirklich großartige Buch von Jewgenija Ginsburg, »Gratwanderung«, wo ich noch einmal auf eine verblüffende Weise erfahren habe, »erfahren« im weitesten Sinne – nicht durch Information –, daß die Menschen, ich drücke das jetzt sehr generell aus, unter den fürchterlichsten Umständen leben können und leben wollen. Sie wollen ja nicht sterben.

LENZ
Auch in extremen Situationen, in ungewünschten, unfreiwilligen, mehr oder weniger darauf zu bestehen, sie selbst zu bleiben. Ich denke daran, daß auch in Lagern Hierarchien entstehen, automatisch.

BÖLL
Aber sicher.

LENZ
Wie du gesagt hast: sehr schnell ist der da, der für das Ge-
lächter sorgt, der Witze macht. Das wiederholt sich
dort.

BÖLL
Es gibt sogar den Casanova, den Lagercasanova. Es gibt
den Lagerasketen. Du findest die ganze Welt in jedem
Gefängnis wie in jedem Lager.

LENZ
Also nicht nur den sozialen Querschnitt ...

BÖLL
Nein, nein, alles findest du auch unter solch extremen
Umständen. Aber die Vorstellungskraft – wirklich, nur
eine geringe, wir sind ja wirklich nicht anspruchsvoll –,
die dazu gehört, daß die Deutschen auch während des
Krieges, während die Bomben fielen, ins Kino gegangen
sind, ihre Liebesgeschichten gehabt haben, sich Zigaret-
ten und Brot auf dem Schwarzmarkt besorgt haben, die
fehlte offenbar in der Vorstellung unserer ehemaligen
militärischen Gegner.
Die Folgerung heute wäre, sich in die Welt zu versetzen,
die uns als feindliche präsentiert wird, also in die Menschen, die in der Sowjetunion leben, in der Tschechoslowakei, in Polen, in Bulgarien, um eine Vorstellung vom
Leben dort zu haben. Das halte ich gerade für uns Deutsche für außerordentlich wichtig. Das kann die Wissen-

schaft allerdings nicht vermitteln. Diese Auskünfte kann nur die Literatur geben. Deshalb kann ich die Alternative »Wissenschaft oder Literatur« nicht akzeptieren. Ohne Literatur wüßte ich fast nichts über Spanien. Ich kenne Spanien nicht, lese auch sehr wenig Statistisches darüber, aber ich kenne den Cervantes und andere spanische Autoren, das ist ungeheuer viel. Ich habe eine Vorstellung von Spanien, die ich nicht formulieren kann, weil ich alles das, was ich von Spanien und über Spanien lese, nicht computerhaft sloganisieren kann.

LENZ
Das geht mit einzelnen Phänomenen auch so. Ich meine, wenn man eine Statistik über den Hunger in der Welt liest, dann empfängt man fast zwangsläufig eine andere Information – in Anführungsstrichen –, als wenn man, sagen wir »Hunger« von Hamsun liest und erfährt, zu welchen Gedanken, zu welchen Ausfallerscheinungen, zu welchen Obsessionen ein Mann kommen kann, der hungernd durch eine große Stadt geht und plötzlich einen Knochen sieht. Das ist eine ganz andere Qualität von Wissen, die man auf diese Art empfängt.

BÖLL
Für mich ist es unersetzlich. Phantasie oder Vorstellungskraft und Versetzungsfähigkeit. Ich bestehe auf dieser Versetzungsfähigkeit. Ich muß mich auch in einen Manager versetzen können, der ja schwer arbeiten muß, auf seine Weise, der hochbezahlt wird, aber auch schwer arbeiten muß. Auch in ihn und seine Probleme muß ich mich versetzen können.

LENZ

Und ihm sehr viel Gerechtigkeit entgegenbringen und sehr viel Einfühlungskraft und sehr viel Aufmerksamkeit, gerade weil er ein Typus ist, von dem wir uns beherrscht fühlen könnten, und den wir auf den ersten Blick vielleicht als Gegenüber oder fast schon als klischeehaftes Gegenüber empfinden.

BÖLL

Es ist ja auch immer die Gefahr, daß man selbst zum Klischee wird. Das ist eine Gefahr, der wir alle erliegen. Wir wählen uns selber zum Klischee. Besonders wenn viel Öffentlichkeit da ist. Wir reproduzieren immer wieder dieselben Bilder von uns. Das finde ich zum Beispiel das Grausamste am Fernsehen, daß Politiker immer wieder, immer wieder im Bild erscheinen. Manche täglich. Denen wird ja nichts gegeben. Es wird ihnen immer weggenommen. Das ist ein ungeheurer Prozeß. Ein Reduzierungsprozeß. Ich glaube, daß noch kaum jemand weiß, was Fernsehen wirklich ist. In dieser Beziehung jedenfalls. In diesem Abnutzungsprozeß.

LENZ

Wie der einen Menschen verändert! In seinen Haltungen beispielsweise, in den inneren und äußeren Wirkungen.

BÖLL

Da muß man schon Phantasie haben, um sich das vorzustellen.

LENZ

Auch in seinem Verhältnis zu sich selbst, was sich da verändert!

BÖLL

Fernsehen hat eine ganz andere Qualität als Film. Wenn du dir vorstellst, daß ein Filmschauspieler in den dreißiger Jahren von drei Millionen gesehen wurde, dann war das enorm viel, ein enormer Erfolg. Heute werden manche Politiker täglich von zwanzig Millionen gesehen. Aber das bringt nichts, sondern nimmt. Das nimmt weg.

LENZ

Da wir über Schriftsteller und Politiker und über Politik sprechen: ich denke daran, daß Revolutionen meist von sehr konkreten Forderungen ausgingen: mehr Brot, mehr Gerechtigkeit, mehr Freiheit! Wir aber haben erlebt, daß eine ganz neue, eine erstaunliche Forderung im Zusammenhang mit revolutionärem Begehren gestellt wurde, nämlich: die Phantasie an die Macht! Man muß dabei wohl gleich fragen: wessen Phantasie an die Macht? Nun, gemeint ist der Intellektuelle, der Schriftsteller, mit einem Wort, das dir vielleicht nicht behagt: der Künstler. Glaubst du, daß der Künstler sich hinreichend qualifiziert hat, um diese Forderung zu erfüllen?

BÖLL

Unmittelbare oder mittelbare Machtübernahme? Nein, nein, das würde mich beängstigen. Zur politischen Arbeit im weitesten Sinne, egal ob als Abgeordneter oder Bundeskanzler, gehört etwas, was ein Künstler kaum vermag: der Umgang mit der direkten Macht. Wir haben ja eine gewisse Macht oder sagen wir, einen Einfluß als Schriftsteller . . .

LENZ
Einen angenommenen Einfluß, eine unterstellte Macht.

BÖLL
Oder eine mittelbare, aus dritter, vierter, fünfter Hand.

LENZ
Aber eine solche Macht kann man doch nicht kalkulieren, nicht einbringen, nicht als Macht einsetzen.

BÖLL
Ich möchte von Personen sprechen. Nein, nein, ich halte es nicht für ausgeschlossen, daß ein Maler oder ein Schauspieler – wir haben ja im Augenblick in einem hohen politischen Amt einen Schauspieler – oder ein Schriftsteller auch einen wichtigen politischen Posten ausfüllen kann. Das gibt es, Malraux zum Beispiel. Aber zum Künstler muß dann noch etwas hinzukommen. Und er muß natürlich seine Phantasie zügeln. Zügeln im besten Sinne, das heißt disziplinieren. Als Autoren können wir uns erlauben, unsere Phantasie zügellos schweifen zu lassen. Als Politiker mußt du sie disziplinieren. Also: Phantasie als Disziplin, wie ich sagte, als Lehrbares, sozusagen als Schulstoff. Vorstellungskraft, Versetzungskraft, aber auch disziplinierte Phantasie. Und da halte ich eine unmittelbare Machtübernahme, nennen wir es mal so, durch Künstler für gefährlich. Da muß noch etwas hinzukommen, was mancher hat, vielleicht

mancher hätte, wenn man es in ihm entdecken oder entwickeln könnte. Aber nicht so einfach: zack, jetzt beset-
zen wir alle diese Posten mit Schriftstellern, Malern, und
so weiter. Das würde ich für gefährlich halten.

LENZ
Es spricht ja für sich, daß Schriftsteller wie Hugo, Flaubert, auch Toller die Revolution feierten. Aber von den
Revolutionären selbst wurden sie entweder so ein bißchen schulterklopfend angesehen oder aber mit Nach-
sicht und Argwohn betrachtet. Spricht das nicht gegen
die Schriftsteller, wenn sie der Revolution zu Diensten
sein wollen?

BÖLL
Das spricht auch gegen die Revolutionäre und ihre, sagen wir, ideologische Dummheit. Bei genialen Leuten
gibt es ja immer eine Komponente Dummheit. Geniali-
tät ist mit einer gewissen Beschränkung verbunden, dem
Konzentrieren auf eine ganz bestimmte Sache. Nimm
etwa Lenin, der bestimmt geniale Züge hatte: er war
gleichzeitig beschränkt. Schriftsteller und Revolutionäre, das müßte gegenseitiges Vertrauen sein. Ich finde, es
spricht nicht gegen Schriftsteller, daß sie von denen, die
dann die Macht übernehmen, so mißtrauisch behandelt
werden. Das spricht eher gegen die Revolutionäre. Stell
dir vor – ein Beispiel, ein historisches –, welche Rolle
Gorki während der Revolution gespielt hat. Dann ist er
emigriert, nicht zufällig, um wieder zurückzukommen.
Furchtbares Schicksal, unklares Ende. Er war ein Revolutionär. Er hat die Revolution gewollt, aber gleichzeitig
gewußt, welche Fehler gemacht wurden. Stell ihn dir

vor als Komponente zu Lenin oder als Ergänzung zu Lenin! Oder eine andere, wie ich finde, großartige und geniale Kollegin von uns: Rosa Luxemburg, die ja auch eine große Autorin war. Das hat man vergessen. Man denkt immer nur in dieser einen Kategorie, entweder Politiker oder Literat. Das ist unsinnig, denn es hängt ja alles zusammen. Stell dir Rosa Luxemburg als Ergänzung bestimmter revolutionärer Bewegungen bei uns vor! Ich finde, daß die Revolutionäre, die dann die Macht übernehmen und ausüben, dumm sind, wenn sie sich der Literaten entledigen. Es gibt in der Französischen Revolution Beispiele, eklatante Beispiele. Der große Danton war zwar kein Kollege, aber es waren literarische Elemente in der Französischen Revolution. Auch heute bei den Revolutionen in Guatemala oder Nicaragua ist die Frage, ob die Intellektuellen, die mit der Revolution sympathisiert und zum Teil sogar mitgemacht haben, ganz an die Wand gedrängt werden, oder ob man ihre Sensibilität und Phantasie nutzt, um mehr aus einer Revolution zu machen, als üblicherweise dabei herauskommt. Da komme ich wieder auf diesen dummen Dualismus, der überall herrscht, zurück, auf dieses: entweder – oder. Nein, ich kann das nicht als Vorwurf gegen die Literaten, die Revolutionen stützen, wünschen und ihnen folgen, akzeptieren. Der Vorwurf geht an die Politiker.

LENZ

Im Grunde läuft das doch alles auf einen Überzeugungsversuch hinaus: mit Hilfe der Phantasie deutlicher zu leben. – Wenn ich wieder auf deine Bücher zurückkomme, Heinrich, dann muß ich mir eingestehen, daß von jedem Buch ein Appell ausgeht, deutlicher zu leben. Auch ganz ausdrücklich in der »Katharina Blum« oder in »Fürsorgliche Belagerung». Ist dieser heimliche Appell des Schriftstellers Heinrich Böll, der diskrete, der verschwiegene Appell etwas, das du im Auge hast?

BÖLL
Nicht bewußt. Das ergibt sich aus den Entwicklungen einer Situation, dem Personal, das notwendigerweise hinzukommt, aus den Problemen, Konflikten, und so weiter. Es ist nicht geplant und schon gar nicht sloganhaft geplant. Kompositionen, Gedanken oder sprachlicher Ausdruck mögen das so erscheinen lassen. Aber es ist nicht so gemeint. Ich bin kein Appellationsschriftsteller. Vielleicht erscheint es so, aber von mir aus geschieht das nicht bewußt.

LENZ
Mir jedenfalls stellt sich das so dar: deine Phantasie nimmt sich das Recht, auf eine ganz bestimmte politische, gesellschaftliche Situation zu antworten; das heißt, du denkst sie konsequent zu Ende, mitunter bis zum absurden Ende. Hat man als Autor dabei bestimmte Hoffnungen? Hofft man vielleicht auf Zustimmung, auf Gleichartigkeit der Empfindungen? Sammelt ein Autor Gleichgesinnte für seinen Standpunkt, für seinen Standort?

BÖLL
Der Standort des Autors ist schwer ausfindig zu machen. Diese schon in Schulen gelehrte Vorstellung, daß die Hauptperson der Autor ist, stimmt doch gar nicht.

LENZ

Er ist alle oder keiner.

BÖLL

Alles, alle und durch alle mitgeteilt. Wenn du einen
Autor finden willst, mußt du sein gesamtes Personal,
von der ersten bis zur letzten Publikation und auch von
dem, was er nicht publiziert hat, durchforsten. Was er
nicht publiziert hat, ist manchmal sogar viel wichtiger.
Du brauchst nur in das Atelier eines Malers zu gehen
und mal so zu gucken, was er in die Ecke gestellt hat.
Das ist meist aufschlußreicher als das, was er zeigt. Den
Autor in seinem Werk, im publizierten und nicht publizierten, zu finden, ist sehr kompliziert. Da brauchst du
einen riesigen Computer, in den alle Personen eingefüt-
tert werden. Alle, vielleicht fünfhundert, und die geteilt
durch einen bestimmten Faktor, dann hast du vielleicht
den Autor. Ich wehre mich dagegen, daß der Autor so
erkennbar ist, denn er ist sich selber ja auch nicht erkennbar. Er ist, während er schreibt, auf der Suche, er ist
sich seiner selbst gar nicht gewiß, er überholt sich oder
reduziert sich. Das Appellhafte ist vielleicht eher mit
Themen auszudrücken. In dem einen Roman, den du erwähnt hast, war für mich Sicherheit − innere Sicherheit,
äußere Sicherheit, physische Sicherheit, metaphysische
Sicherheit das Thema. Das hat mich einfach beschäftigt,
und ich habe es an verschiedenen Gruppen der Gesellschaft, die miteinander verflochten sind, darzustellen
versucht. Ich weiß nicht, ob es geglückt ist. Bewachte,
Überwachte, Bewacher, Sicherheitsgeschädigte. Leute,
die Nachbarn der Opfer dieser ganzen Sicherheitsmaß-
nahmen sind. Das war eine abstrakte Vorstellung, klar:

Sicherheit, und dann die vier von Sicherheit betroffenen Gruppen. Das wollte ich vermitteln. Aber nicht im Sinne eines moralischen Appells, sondern nur im Sinne des Aufmerksam-Machens auf die Gefahr eines totalen Sicherheitsdenkens. Wobei ich überzeugt bin, ziemlich überzeugt, nicht ganz, daß es keine Sicherheit gibt.

LENZ
Zumindest keine absolute.

BÖLL
Nein, keine äußere, keine innere. Kein Mensch weiß, was ihm widerfährt, was aus ihm wird. Das ist wieder im Gegensatz zur Wissenschaft, die genau weiß oder zu wissen vorgibt, wie bestimmte Menschen und Menschengruppen sich entwickeln. Aber es gibt nichts Voraussehbares, und das wirklich Erschreckende und auch Erfreuliche ist das Unvorhergesehene und Unvorhersehbare. Das hat mich an diesem Thema interessiert. Wahrscheinlich war es zu weit gespannt. Ich weiß es nicht.

LENZ
Ich finde nicht, daß es zu weit gespannt ist.

BÖLL
Ja, ich weiß nicht. Es waren wahrscheinlich zu viele Probleme und zu viele Versuche, die Gruppen miteinander zu verknüpfen. Das hat mich einfach gereizt.

LENZ
Als Thema.

BÖLL

Das Thema Sicherheit war klar. Gereizt haben mich diese verschiedenen Gruppen, die es ja in allen politischen Systemen gibt, auch bei uns. Das ist kein totalitäres Staaten-Problem.

LENZ

Aber in diesem Sinne eignet sich alles als Vorwurf, als Thema, was Gegenwart bezeichnet oder aber, wenn man es weit genug verlängert, uns die ganze Komplikation unserer Lage vor Augen führt.

BÖLL

Ja, natürlich. Wobei Sicherheit ein Thema ist, das sowohl in der Vergangenheit wie in der kurzen Gegenwart und der Zukunft permanent bleibt und auch immer war. Auch soziale Sicherheit. Daß die Menschen wohnen und essen wollen. Elementare Dinge sicher haben wollen. Alles gehört zum Thema Sicherheit. Es ist ein ungeheures und internationales Thema. Das war meine Idee dabei.

LENZ

Zur Phantasie: als Tolstoi schon sehr alt war, vor seinen Büchern stand, an seine Figuren, diese ungezählten Figuren, die er geschaffen hatte, dachte, überschlug er noch einmal seine verbliebenen Pläne und kam zu der Ansicht, daß Gott ihm eigentlich ein Leben von hundertfünfundzwanzig Jahren schenken müßte. Einfach, damit er all diese Pläne realisieren könnte. Der Kosmos, so glaubte Tolstoi, den er mit Hilfe seiner Phantasie geschaffen hatte, mußte als Konkurrenz oder Rivalitäts-

unternehmen ausreichen, um vom lieben Gott aner-
kannt und mit den gewünschten Jährchen belohnt zu
werden. Ist dieser Anspruch Tolstois gerechtfertigt?

BÖLL
Der Anspruch ist zu anmaßend, aber verständlich. Ich
würde das für mich nicht beanspruchen. Ich denke eher,
daß Literatur ein sich ergänzendes Phänomen ist. Nehmen wir einen Begriff wie »der Roman unserer Zeit«.
Immer wird gesagt: keiner hat diesen Roman geschrieben. Das stimmt. Denn diesen Roman gibt es gar nicht,
weil es viele Leute gibt, die ihn schreiben. Und die ergän-
zen sich. Man muß meiner Meinung nach Literatur immer als Ganzes sehen. Aber die Anmaßung, der Schöp-
fer zu sein, die teile ich mit Tolstoi. Das versuche ich mit
den Namen, die ich den Menschen, den Personen gebe.
Es gibt ja den berühmten Spruch im alten Testament:
Ich habe dir deinen Namen gegeben, du bist Mein!

LENZ
Das ist ein Besitzanspruch und ein Verfügungsanspruch
zugleich.

BÖLL
Verfügungsanspruch, natürlich. Ich verfüge ja über die
Person, und gar nicht in psychologischem Sinne, sondern ich schaffe sie, sehr anspruchsvoll ausgedrückt. Ich
werde das gleich reduzieren: ich gebe ihr den Namen,
und dann nehme ich sie an die Hand. Insofern ist in jeder kreativen Arbeit – ein verbrauchtes Wort – ein ge-
wisser Schöpfungsanspruch. Auch eine Schöpfungsarro-
ganz. Ja, das würde ich sagen. Aber zurück zu Tolstoi:

eigentlich sind hundertfünfundzwanzig Jahre zu wenig. Da möchte ich schon fünfhundert werden!

LENZ
Tolstoi hat seinen Lesern doch wahrscheinlich sehr viel wirkungsvoller die Augen geöffnet, als sie es je sonst in ihrem Leben erfahren hätten.

BÖLL
Da muß man aber hinzufügen, daß er doch gegen Ende seines Lebens gegenüber seinem Werk sehr skeptisch war. Überhaupt gegenüber kreativer Arbeit. Daß es eigentlich sein Wunsch war, direkt politisch zu wirken.

LENZ
Missionarisch politisch.

BÖLL
Missionarisch politisch zu wirken. Es gibt Publikationen, auch Äußerungen von ihm, wo ihm praktisch alles, was er geschrieben hat, verdächtig vorkommt. Sagen wir mal, ein puritanischer Aufbruch, der eigentlich seinem Wunsch, hundertfünfundzwanzig Jahre alt zu werden, widerspricht. Denn dann hätte er ja noch mehr Verwerfliches an Literatur und an Verführerischem schreiben können. Nein, dann finde ich hundertfünfundzwanzig Jahre zu wenig. Da müßte man schon, na, das Doppelte – zweihundertfünfzig Jahre leben.

LENZ
Wir lesen es, wir hören es, wir erfahren es: dies ist eine Männerwelt. Die Phantasie, die wir mit so viel Hoff-

nung betrauen, ist aber weiblicher Natur. Sagt dir das etwas, und erhält sich das Zutrauen zur Phantasie auch noch, obwohl sie weiblich ist?

BÖLL
Obwohl sie weiblich ist? Ja, ich möchte sagen, gerade deshalb, ja!

LENZ
Was könnte man darunter verstehen, daß Phantasie weiblich ist? Du hast vorhin, zu Anfang unseres Gesprächs, gesagt, daß dir das Weibliche und das Männliche noch nicht so recht aufgegangen sei, und daß du auch in diesem Fall für eine dritte Erscheinungs- oder Wesensform plädieren möchtest. Das habe ich doch so richtig verstanden?

BÖLL
Ja, ja.

LENZ
Wenn man aber die Phantasie schon mit weiblicher Eigenart, weiblicher Qualität belehnt oder ausstattet, was könnte man ihr zusätzlich geben?

BÖLL
Vielleicht sollte man sie auch mit männlichen Elementen ausstatten. Das wären dann die sogenannten politischen Elemente. Ich komme zurück auf Phantasie als Disziplin und disziplinierte Phantasie. Ich weiß nicht, ob die reine Applizierung des Artikels »die« Phantasie schon weiblich macht, so weiblich macht. Aber ich stim-

me dir zu. Vielleicht könnte man da das Umgekehrte machen, ein paar männliche Elemente in die Phantasie einbringen. Wenn das schon Gegensätze sind, Phantasie und Disziplin, geplante Phantasie, jedenfalls soweit die Phantasie im politischen und sozialen Bereich angesprochen wird, da müßte man auch ein mathematisches Element in die Phantasie einbringen. Mathematik ist ungeheuer phantasievoll. Eine phantasievolle und phantasieanregende Wissenschaft, auch in ihrer elementaren Form, also die, die wir in der Schule lernen. Ich habe das immer sehr gern gemacht.

LENZ
Ja, natürlich. Die Frage, ob Null eine Zahl ist, ist durchaus ergiebig.

BÖLL
In der Mathematik ist ungeheuer viel Philosophie. Ganz praktische Dinge, phantasiebezogen, auf unser Wasser, auf unsere Luft, auf unsere Erde, da kann sich Philosophie entfalten. Es gefällt mir nicht, das Männliche und Weibliche jetzt wieder mal als Gegensatz zu nehmen; aber um es verständlich zu machen: in die Phantasie sollte das »männliche Element« eingebracht werden. Und die Kontroverse zwischen den sogenannten Umweltromantikern, die man dann als weiblich bezeichnen würde, und den politischen Pragmatikern . . .

LENZ
. . . die das männliche Element darstellen . . .

BÖLL

... sollte ausgeräumt werden, indem man daraus ein Drittes macht. Man müßte allen klarmachen, daß Phantasie der Anstoß für praktische Politik sein kann, sogar für machbare. Ich bin nicht gegen das Machbare. Man muß das Machbare nur machen, sich ausrechnen ...

LENZ

... und vorhersehen ...

BÖLL

... daß wenigstens zehn Jahre, zwanzig, möglichst dreißig Jahre oder mehr im voraus geplant werden muß, daß wir Enkelkinder haben, die vielleicht auch vierzig Jahre alt werden möchten. Einfach die »Männlichkeit« der Mathematik – die ich für eine scheinbare Männlichkeit halte, denn sie ist natürlich auch weiblich – in die weibliche Phantasie hineinbringen. Denn das nur Weibliche oder nur Männliche bringt uns nicht weiter. Da mögen mich die Emanzen zerfetzen! Das bringt uns nicht weiter, diese Spaltungen.

LENZ

Ich denke, sie werden bei der Gelegenheit zustimmen, wenn alle Gegensätze versöhnt und aufgefangen werden, in dieser dritten, durch die Phantasie begünstigten Wunschexistenz.

BÖLL

Nicht unbedingt versöhnt, so weit möchte ich nicht gehen, sondern alle sollten einsichtig werden und ein bißchen rechnen können. Wir sprachen vorhin vom Wachstum. Sechs Prozent Wachstum sind in sechzehn Jahren, die schnell vorbei sind, hundert Prozent. Das heißt also, statt, was weiß ich, acht Millionen Autos sechzehn Millionen Autos, und nochmal hundert Prozent sind dann zweiunddreißig Millionen. Ein männlicher Irrtum, ein typisch männlicher Irrtum! Wir brauchen das Weibliche, »das Elementare, das Leben verkörpert«, auch wenn das dumm und sehr klischiert gesagt ist: ich kann es im Moment aber nicht anders ausdrücken. Diese Verbindung muß hergestellt werden, auf allen Gebieten. Auch in der Politik, dem Sozialen, dem Ökonomischen, sogar in der Technik. Nur so, glaube ich, sind Weichenstellungen für die Zukunft möglich.

Das Gespräch wurde am 5. Februar 1982 im Haus »Meierei« in Bremen aufgezeichnet.

Werkverzeichnisse

PAVEL KOHOUT
Geb. 20. Juli 1928 in Prag

Buchveröffentlichungen im Westen

Briefe über die Grenze (Gespräche mit Günter Grass). Zeit-Verlag,
  Hamburg 1969
Aus dem Tagebuch eines Konterrevolutionärs. C. J. Bucher. Luzern
  1969
Theaterstücke mit Prolog, Epilog und Intermezzi. Deutsch von Lu-
  cie Taubová, Magda Štítná, Felix R. Bosonnet und Alexandra
  Baumrucker. C. J. Bucher, Luzern 1969. Veränderte Neuausgabe:
  Hoffmann und Campe/Edition Reich, Hamburg 1980
Reise um die Erde in 80 Tagen. Deutsch von Lucie Taubová. C. J. Bu-
  cher, Luzern 1970
So eine Liebe. Deutsch von Lucie Taubová. C. J. Bucher, Luzern
  1970
August August, August. Eine Zirkusvorstellung. Deutsch von Lucie
  Taubová. C. J. Bucher, Luzern 1970
Krieg im dritten Stock/Evol. Zwei Einakter. Deutsch von Alexandra
  und Gerhard Baumrucker. C. J. Bucher, Luzern 1970
Weißbuch in Sachen Adam Juráček. Roman. Deutsch von Alexandra
  und Gerhard Baumrucker. C. J. Bucher, Luzern 1970
Armer Mörder. Nach Motiven von Leonid N. Andrejew. Deutsch
  von Alexandra und Gerhard Baumrucker. C. J. Bucher, Luzern
  1973
Die kluge Amsel. Betz, München 1973. Veränderte Neuausgabe: Kin-
  derbuchverlag Reich, Luzern 1981
Roulette. Schauspiel. Deutsch von Alexandra und Gerhard Baumruk-
  ker. Reich Verlag, Luzern 1976
Die Henkerin. Roman. Deutsch von Alexandra und Gerhard Baumrucker. Hoffmann und Campe/Edition Reich, Hamburg 1978
Die Einfälle der heiligen Klara. Roman. Deutsch von Alexandra
  Baumrucker. Hoffmann und Campe/Edition Reich, Hamburg
  1980

Jolana und der Zauberer. Deutsch von Jitka Bodláková. Kinderbuch-
verlag Reich, Luzern 1980
Drei Einakter. Krieg im dritten Stock, Brand im Souterrain, Pech un-
term Dach, mit Vorspiel, Nachspiel und zwei Pausenspielen.
Deutsch von Alexandra und Gerhard Baumrucker. Hoffmann und
Campe/Edition Reich, Hamburg 1981
Unser Malfalter. Mit Karel Havlicek. Sauerländer Verlag, Frankfurt/
Main 1982

Bühnenstücke (sämtlich bei Bärenreiter Schauspiel im Johannes Stau-
da Verlag, Kassel. Die Jahreszahl bezeichnet jeweils die deutsche
Uraufführung.)

So eine Liebe. Deutsch von Lucie Taubová. Urauff. 1957
Reise um die Erde in 80 Tagen. Deutsch von Lucie Taubová.Urauff.
1961
Mond über dem Fluß. Nach Fráňa Šrámek. Deutsch von Lucie Tau-
bová. Urauff. 1962
Der Krieg mit den Molchen. Deutsch von Lucie Taubová. Urauff.
1962
Josef Schwejk oder Sie haben uns also den Ferdinand erschlagen.
Nach Jaroslav Hašek. Deutsch von Lucie Taubová. Urauff. 1963
August August, August. Deutsch von Lucie Taubová. Urauff. 1967
Evol. Einakter. Deutsch von Alexandra und Gerhard Baumrucker.
Urauff. 1970
Krieg im dritten Stock. Einakter. Deutsch von Alexandra und Ger-
hard Baumrucker. Urauff. 1971
Armer Mörder. Nach Motiven von Leonid N. Andrejew. Deutsch
von Alexandra und Gerhard Baumrucker. Urauff. 1973
Pech unterm Dach. Einakter. Deutsch von Alexandra und Gerhard
Baumrucker. Urauff. 1974
Brand im Souterrain. Einakter. Deutsch von Alexandra und Gerhard
Baumrucker. Urauff. 1974
Roulette. Schauspiel nach Motiven von Leonid N. Andrejew.
Deutsch von Alexandra und Gerhard Baumrucker. Urauff. 1975
Play Macbeth. Einrichtung für das Living Room Theatre. Deutsch
von Wolfgang Swaczynna. Urauff. 1978

Colas Breugnon oder Gott in Frankreich. Nach Romain Rolland. Deutsch von Alexandra und Gerhard Baumrucker. Urauff. 1978

Amerika. Mit Ivan Klíma. Nach Franz Kafka. Urauff. 1978

Attest. Einakter. Deutsch von Alexandra und Gerhard Baumrucker. Urauff. 1979

Maria kämpft mit den Engeln. Deutsch von Alexandra und Gerhard Baumrucker. Urauff. 1981

Morast. Einakter. Deutsch von Alexandra und Gerhard Baumrucker. Urauff. 1982

GÜNTER GRASS
Geb. 16. Oktober 1927 in Danzig

Die Vorzüge der Windhühner. Gedichte. Luchterhand, Darmstadt und Neuwied 1956

Hochwasser. Bühnenstück. Suhrkamp, Frankfurt/Main 1957

Die Blechtrommel. Roman. Luchterhand, Darmstadt und Neuwied 1959

Gleisdreieck. Gedichte und Grafiken. Luchterhand, Darmstadt und Neuwied 1960

Katz und Maus. Eine Novelle. Luchterhand, Darmstadt und Neuwied 1961

Hundejahre. Roman. Luchterhand, Darmstadt und Neuwied 1963

Die Plebejer proben den Aufstand. Ein deutsches Trauerspiel. Luchterhand, Darmstadt und Neuwied 1966

Ausgefragt. Gedichte und Zeichnungen. Luchterhand, Darmstadt und Neuwied 1967

Über das Selbstverständliche. Reden, Aufsätze, Offene Briefe, Kommentare. Luchterhand, Darmstadt und Neuwied 1968

Örtlich betäubt. Roman. Luchterhand, Darmstadt und Neuwied 1969

Theaterspiele (Hochwasser, Onkel Onkel, Noch zehn Minuten bis Buffalo, Die bösen Köche, Die Plebejer proben den Aufstand, Davor). Luchterhand, Darmstadt und Neuwied 1970

Gesammelte Gedichte. Luchterhand, Darmstadt und Neuwied 1971

Aus dem Tagebuch einer Schnecke. Luchterhand, Darmstadt und Neuwied 1972

Mariazuehren. Gedichte und Fotos. Bruckmann, München 1973

Der Bürger und seine Stimme. Reden, Aufsätze, Kommentare. Luchterhand, Darmstadt und Neuwied 1974

Mit Sophie in die Pilze gegangen. Lithographien und Gedichte. Giorgio Upiglio, Mailand 1976

Der Butt. Roman. Luchterhand, Darmstadt und Neuwied 1977

Denkzettel. Politische Reden und Aufsätze 1965–1976. Luchterhand, Darmstadt und Neuwied 1978

Das Treffen in Telgte. Eine Erzählung. Luchterhand, Darmstadt und
    Neuwied 1979
Aufsätze zur Literatur. Luchterhand, Darmstadt und Neuwied 1980
Wie ich mich sehe. Gedichte und Grafik. Luchterhand, Darmstadt
    und Neuwied 1980
Kopfgeburten oder Die Deutschen sterben aus. Luchterhand, Darm-
    stadt und Neuwied 1980

WALTER KEMPOWSKI
Geb. 29. April 1929 in Rostock

Im Block. Ein Haftbericht. 1969. A. Knaus, Hamburg

Tadellöser & Wolff. Ein bürgerlicher Roman. 1971. A. Knaus, Hamburg

Uns geht's ja noch gold. Roman einer Familie. 1972. A. Knaus, Hamburg

Haben Sie Hitler gesehen? Deutsche Antworten. Nachwort Sebastian Haffner. 1973. A. Knaus, Hamburg

Der Hahn im Nacken. Minigeschichten. 1973. Rowohlt, Reinbek b. Hamburg

Immer so durchgemogelt. Erinnerungen an unsere Schulzeit. 1974. A. Knaus, Hamburg

Ein Kapitel für sich. Roman. 1975. A. Knaus, Hamburg

Wer will unter die Soldaten? Bildband. Phot. Rolf Betyna u. Jürgen Stahf. 1976. A. Knaus, Hamburg

Alle unter einem Hut. Alltags-Minigeschichten. 1976. Loewes' Vlg., Bayreuth

Aus großer Zeit. Roman. 1978. A. Knaus, Hamburg

Schnoor. Bremen zwischen Stavendamm und Balge. Fotos von Hansgerhard Westphal, mit einem Text von Walter Kempowski. 1978. J. H. Schmalfeldt Verlag, Bremen

Haben Sie davon gewußt? Deutsche Antworten. Nachwort Eugen Kogon. 1979. A. Knaus, Hamburg

Unser Herr Böckelmann. Ill. v. Roswitha Quadflieg. 1979. A. Knaus, Hamburg

Walter Kempowski/Eberhard Fechner: Tadellöser & Wolff/Ein Kapitel für sich. Materialien zum ZDF-Fernsehprogramm. 1979. Goldmann, München

Mein Lesebuch. 1980. S. Fischer, Frankfurt/Main

Kempowskis einfache Fibel. Ill. v. Manfred Limmroth. 1980. Westermann, Braunschweig

Schöne Aussicht. Roman 1981. A. Knaus, Hamburg

HEINRICH BÖLL
Geb. 21. Dezember 1917 in Köln

Der Zug war pünktlich. Erzählung. Middelhauve, Opladen 1949
Wanderer, kommst du nach Spa... Erzählungen. Middelhauve, Opladen 1950
Wo warst du, Adam? Roman. Middelhauve, Opladen 1951
Die schwarzen Schafe. Mit Zeichnungen. Middelhauve, Opladen 1951
Nicht nur zur Weihnachtszeit. Erzählung. Vlg. der Frankfurter Hefte, Frankfurt/Main 1952
Und sagte kein einziges Wort. Roman. Kiepenheuer & Witsch, Köln 1953
Haus ohne Hüter. Roman. Kiepenheuer & Witsch, Köln 1954
Das Brot der frühen Jahre. Erzählung. Kiepenheuer & Witsch, Köln 1955
So ward Abend und Morgen. Erzählungen. Vlg. der Arche, Zürich 1956
Unberechenbare Gäste. Satiren. Vlg. der Arche, Zürich 1956
Im Tal der donnernden Hufe. Erzählung. Insel-Vlg., Wiesbaden 1957
Die Spurlosen. Hörspiel. Hans-Bredow-Institut, Hamburg 1957
Irisches Tagebuch. Kiepenheuer & Witsch, Köln 1957
Doktor Murkes gesammeltes Schweigen und andere Satiren. Kiepenheuer & Witsch, Köln 1958
Erzählungen. Middelhauve, Opladen 1958
Die Waage der Baleks. Die Lesestunde 8. Matthiesen, Lübeck 1957
Billard um halbzehn. Roman. Kiepenheuer & Witsch, Köln 1959
Der Mann mit den Messern. Erzählung. Reclam, Stuttgart 1959
Der Bahnhof von Zimpren. Erzählungen. List, München 1959
Brief an einen jungen Katholiken. Kiepenheuer & Witsch, Köln 1961
Erzählungen, Hörspiele, Aufsätze. Kiepenheuer & Witsch, Köln 1961
Als der Krieg ausbrach. Als der Krieg zu Ende war. Erzählungen. Insel Vlg., Wiesbaden 1962
Ein Schluck Erde. Drama. Kiepenheuer & Witsch, Köln 1962
Hierzulande. Aufsätze zur Zeit. Deutscher Taschenbuch Verlag, München 1963

Ansichten eines Clowns. Roman. Kiepenheuer & Witsch, Köln 1963
Bilanz. Klopfzeichen. Reclam, Stuttgart 1963
Entfernung von der Truppe. Erzählung. Kiepenheuer & Witsch, Köln 1964
Zum Tee bei Dr. Borsig. Acht Hörspiele. Deutscher Taschenbuch Verlag, München 1964
Frankfurter Vorlesungen. Kiepenheuer & Witsch, Köln 1966
Ende einer Dienstfahrt. Erzählung. Kiepenheuer & Witsch, Köln 1966
Die Freiheit der Kunst. Kiepenheuer & Witsch, Köln 1966
Georg Büchners Gegenwärtigkeit. Kiepenheuer & Witsch, Köln 1967
Aufsätze, Kritiken, Reden. Kiepenheuer & Witsch, Köln 1967
Hausfriedensbruch/Aussatz. Ein Hör- und ein Schauspiel. Kiepenheuer & Witsch, Köln 1969
Gruppenbild mit Dame. Roman. Kiepenheuer & Witsch, Köln 1971
Im Gespräch: Heinrich Böll mit Heinz Ludwig Arnold. Edition Text und Kritik. Boorberg, Stuttgart 1971
Gedichte. Literarisches Colloquium, Berlin 1972
Erzählungen 1950–1970. Kiepenheuer & Witsch, Köln 1972
Neue politische und literarische Schriften. Kiepenheuer & Witsch, Köln 1973
Die verlorene Ehre der Katharina Blum. Erzählung. Kiepenheuer & Witsch, Köln 1974
Berichte zur Gesinnungslage der Nation. Eine Satire. Kiepenheuer & Witsch, Köln 1975
Drei Tage im März. Ein Gespräch. Mit Christian Linder. Kiepenheuer & Witsch, Köln 1975
Gedichte/Collagen. Mit Klaus Staeck. Kiepenheuer & Witsch, Köln 1975
Schwierigkeiten mit der Brüderlichkeit. Politische Schriften. Deutscher Taschenbuch Verlag, München 1976
Einmischung erwünscht. Schriften zur Zeit. Kiepenheuer & Witsch, Köln 1977
Querschnitte. Aus Interviews, Aufsätzen und Reden. Hrsg. Renate Matthaei u. Viktor Böll. Kiepenheuer & Witsch, Köln 1978
Mein Lesebuch. S. Fischer, Frankfurt/Main 1978
Werke 1–10. Kiepenheuer & Witsch, Köln 1978

Du fährst zu oft nach Heidelberg und andere Erzählungen. Lamuv
  Vlg., Bornheim 1979
Fürsorgliche Belagerung. Roman. Kiepenheuer & Witsch, Köln 1979
Gesammelte Erzählungen 1947–1980. Kiepenheuer & Witsch, Köln
  1981
Was soll aus dem Jungen bloß werden? Oder: Irgendwas mit Bü-
  chern. Lamuv Vlg., Bornheim 1981
Vermintes Gelände. Essayistische Schriften 1977–1981. Kiepenheuer
  & Witsch, Köln 1982
Ein Artikel und seine Folgen. Hrsg. mit Frank Grützbach. Lamuv
  Vlg., Bornheim 1982

DER HERAUSGEBER

Alfred Mensak wurde 1926 in Niedersee/Masuren geboren. Seiner journalistischen Ausbildung folgte ein vierjähriger Aufenthalt in Amerika. 1960 kehrte er in die Bundesrepublik zurück und arbeitete zunächst als Journalist. Seit 1964 ist er beim Fernsehen von Radio Bremen tätig. Er produzierte u. a. die dreizehnteilige Fernsehfassung von Siegfried Lenz' »So zärtlich war Suleyken« und die beiden Fernsehgespräche von Siegfried Lenz mit Manès Sperber und Leszek Kolakowski, die er auch in Buchform herausgab. Er lebt in Worpswede bei Bremen.

Inhalt